编委会

湾心奔涌汇新篇
广州南沙开发开放研究成果选编
（2023年）

中共广州南沙经济技术开发区工作委员会政策研究和创新办公室
暨南大学中国（广东）自由贸易试验区研究院

编著

暨南大学出版社
JINAN UNIVERSITY PRESS

中国·广州

图书在版编目（CIP）数据

湾心奔涌汇新篇：广州南沙开发开放研究成果选编.
2023年 / 中共广州南沙经济技术开发区工作委员会政策
研究和创新办公室，暨南大学中国（广东）自由贸易试验
区研究院编著. -- 广州：暨南大学出版社，2024.12.
ISBN 978-7-5668-4029-5

Ⅰ. F127.654

中国国家版本馆 CIP 数据核字第 2024BQ3068 号

湾心奔涌汇新篇——广州南沙开发开放研究成果选编（2023年）
WANXIN BENYONG HUI XINPIAN——GUANGZHOU NANSHA KAIFA KAIFANG
YANJIU CHENGGUO XUANBIAN（2023 NIAN）

编著者：中共广州南沙经济技术开发区工作委员会政策研究和创新办公室
　　　　暨南大学中国（广东）自由贸易试验区研究院

出 版 人：阳　翼
统　　筹：黄文科
责任编辑：曾鑫华　彭琳惠
责任校对：刘舜怡　黄子聪　陈慧妍
责任印制：周一丹　郑玉婷

出版发行：暨南大学出版社（511434）
电　　话：总编室（8620）31105261
　　　　　营销部（8620）37331682　37331689
传　　真：（8620）31105289（办公室）　37331684（营销部）
网　　址：http://www.jnupress.com
排　　版：广州尚文数码科技有限公司
印　　刷：广州市快美印务有限公司
开　　本：787mm×960mm　1/16
印　　张：15.5
字　　数：260千
版　　次：2024年12月第1版
印　　次：2024年12月第1次
定　　价：88.00元

（暨大版图书如有印装质量问题，请与出版社总编室联系调换）

序

Preface

作为海上丝绸之路广州对外贸易的出海大通道，南沙一直是中国对外开放的重要门户，自古以来便拥有开放的基因。凭借其得天独厚的战略优势、地理优势，南沙成为连接港澳、面向世界的桥梁和纽带。在全面深化改革开放的今天，作为核心引擎的南沙正在为勃发中的粤港澳大湾区注入新活力。《广州南沙深化面向世界的粤港澳全面合作总体方案》的出台，赋予南沙在国家战略矩阵中新的重要角色、重要使命。《支持广州南沙放宽市场准入与加强监管体制改革的意见》通过首创性改革举措，着力为南沙高质量发展注入新动能，更好发挥南沙在粤港澳大湾区建设中的引领带动作用。《南沙深化面向世界的粤港澳全面合作条例》通过立法破除改革发展障碍，为南沙深化面向世界的粤港澳全面合作提供有力的法治保障。

作为新时代先行者，南沙正奋力谱写改革开放的新篇章。《湾心奔涌汇新篇——广州南沙开发开放研究成果选编（2023 年）》一书，不仅是对南沙开发开放成就的阶段性总结，而且富含对南沙未来发展的深刻洞见与展望。

从本书不难看出，南沙正全力夯实科技创新根基，加快构建现代化产业体系，逐渐成为培育和发展新质生产力的沃土。南沙有优势、有基础、有潜力，未来有望成为我国新质生产力发展的先行区和示范区。希望我们一起关注南沙的成长，见证新质生产力在这片土地迸发出更大的活力。

华南理工大学公共政策研究院学术委员会主席
香港中文大学（深圳）前海国际事务研究院院长
郑永年
2024 年春

目 录 · · · · · · · · · · · · · · · · · · · Contents

001 序

001 第一章 总报告

002 加快打造重大战略性平台 在"大干十二年 再造新广州"中
挺起南沙脊梁

010 南沙区全力贯彻落实《广州南沙深化面向世界的粤港澳全面
合作总体方案》

017 第二章 夯实科技创新根基

018 争当大湾区创新驱动发展生力军

022 借鉴光明科学城、河套经验 高质量推动南沙科学城建设

028 建设环香港科技大学（广州）创新区 打造大湾区科创"硅谷"

036 对接《香港创新科技发展蓝图》 推动南沙科技创新产业高
质量发展

044 强化南沙与港澳科技联合创新 着力打造大湾区创新型产业
新高地

053　探索金融与科技、产业融合新模式　助推南沙强化粤港澳科技联合创新

059　第三章　构建现代化产业体系

060　加快发展南沙低空经济　塑造战略性新兴产业新动能

066　汽车"反向合资"发展模式对广州汽车产业的启示

074　大力发展固态合金储氢产业　建设大湾区氢能分拨枢纽

081　深圳生物医药产业发展经验对南沙的启示

090　发挥广州南沙产业优势加快布局中低轨卫星产业　打造中国商业航天"第一极"的建议

095　加快建设大湾区电子气体产业集聚区　以"中国气"助力半导体产业发展

104　借鉴深圳经验　优化南沙"工业上楼"模式

115　第四章　推进港澳青年创新创业

116　把南沙打造成港澳青年湾区追梦的首选地

120　加快集聚港澳青年到南沙就业创业面临的问题及对策建议

128　汇聚合力高质量推动南沙港澳青年创业就业平台建设

142　搭建高品质双创环境　推动南沙创建青年创业就业合作平台

149　进一步推动南沙创享湾功能提升　打造粤港澳创新平台"南沙样本"

157　第五章　共建高水平对外开放门户

158　南沙自贸片区实施全国首个对标 RCEP CPTPP　进一步深化
　　改革扩大开放试点措施　推动更高水平制度型开放

163　加快发展文化保税产业　推动南沙打造文化枢纽港

169　"一带一路"背景下南沙跨境电商发展对策建议

176　发挥外资积极作用　推进南沙高水平对外开放

183　第六章　打造高质量城市发展标杆

184　南沙保障性租赁住房公募 REITs 业务模式和实施路径分析

192　提高人口吸引力集聚力　增强南沙城市发展动能的对策研究

210　以南沙国际邮轮母港为抓手　推动大湾区邮轮经济高质量发展

217　进一步优化公共文体设施布局　提升南沙城市品质的策略建议

226　筑牢生态屏障　持续守护"候鸟的湾区家园"

232　"双循环"新格局下南沙加快建设区域特色型国际消费中心
　　城区的对策建议

Chapter
One

第一章

总报告

加快打造重大战略性平台
在"大干十二年 再造新广州"中挺起南沙脊梁

吴扬

图 1-1 "中国（广东）自由贸易试验区·广州南沙新区片区"标志拱门牌坊

2024 年是广州"大干十二年、再造新广州"的开局之年。广州市提出"全力推动南沙开发开放、东部中心加快建设，共建高端资源汇聚的新广州"。南沙作为国家战略重要承载地，必须以更大的担当，以"二次创业"再出发的昂扬姿态，在"大干十二年、再造新广州"中走前列、挑大梁、做贡献。本报告从南沙开发建设现状出发，从"创新""质优""新质生产力"三个方面分析未来高质量发展思路，并提出下一步具体工作举措。

一、南沙开发建设成效

近年来，南沙深入学习贯彻习近平总书记视察广东重要讲话、重要指示精神，落实中央和省、市部署要求，以实施《广州南沙深化面向世界的粤港澳全面合作总体方案》（以下简称《南沙方案》）为牵引，发展成效日益坚实，发展势能不断蓄积。

（一）《南沙方案》高位推进

广东省广州南沙建设发展工作委员会（以下简称"省南沙工委"）工作机制高效运作，国家三部委出台支持南沙放宽市场准入 15 条，《南沙深化面向世界的粤港澳全面合作条例》（以下简称《南沙条例》）正式实施，三大先行启动区建设全面提速，港澳企业投资总额超千亿美元，15% 企业所得税优惠等重大政策减免税额超 8.5 亿元。土地管理综合改革试点落地，新增建设用地 2 万多亩，新增土地报批量相当于前 3 年总和。

（二）科创动力加速释放

南沙科学城总体发展规划获省批复实施，冷泉生态系统大科学装置可研报告获批，全球最先进大洋钻探船"梦想"号成功试航，国家级高新技术企业突破 1 100 家，发明专利授权量超 2 000 件，同比增长 42.1%，国家重大人才引进项目入选数占全市三分之一，南沙科创母基金获评"2022—2023 年度中国最佳天使引导基金 Top 10"。

（三）产业发展蓬勃向上

巨湾技研、芯粤能、融捷能源等一批新项目建成投产，国家级专精特新"小巨人"企业增长 6.5 倍，新入统"四上"企业增长 24.3%，2023 年新签约项目 132 个，总投资超 3 600 亿元，新设外商投资企业 735 家，增长 1 倍，南沙获评 2023 年中国投资热点城市，在国家级经开区综合考评跃升至全国第 7 位。

（四）门户功能持续增强

南沙港区集装箱吞吐量增长 5.4%，汽车进出口额增长 3.9 倍，外贸进出口规模全市第一，综保区获评全省唯一 A 类保税区，广期所交易额超 6 万亿元，落地总规模 4 000 亿元的广州产投、创投、基础设施产业发展 3 家母基金，中国企业"走出去"综合服务基地获国家发改委授牌运营，成功举办大湾区科学论坛、世界媒体峰会等重大会议活动。

（五）城市品质显著提升

"一轴三带、一芯四区、多点支撑"国土空间格局日益成型，"1+1+3"重点片区城市设计形成阶段性成果，南沙枢纽站获批，南沙至珠海（中山）城际［以下简称"南珠（中）城际"］铁路广州段等开工建设，中山大学附属第一（南沙）医院［以下简称"中山一院（南沙）"］投入使用，未来城市综合实证试点扎实开展，全民文化体育综合体已见雏形。

二、南沙高质量发展思路

习近平总书记创造性提出新的生产力理论，强调发展新质生产力是推动高质量发展的内在要求和重要着力点，深刻指出新质生产力由技术革命性突破、生产要素创新性配置、产业深度转型升级而催生，特点是创新，关键在质优，本质是先进生产力。从新发展阶段到新发展理念，到新发展格局，再到新质生产力，这是习近平经济思想的最新成果，是我们推动高质量发展的根本遵循。新征程上，南沙要打造广州高质量发展主阵地和新引擎，就必须在发展壮大新质生产力上走前列、做示范。

一是把握"创新"这个特点。当前，新一轮科技革命和产业变革深入发展，国际上 OpenAI 发布的 ChatGPT、Sora 等人工智能新技术异军突起，国内超导量子计算、脑机接口、光存储等新技术取得重大突破，世界正迎来创新成果大爆发的"寒武纪时代"。南沙处于广深港、广珠澳"人字形"科技创新走廊交汇点，《南沙方案》又将"建设科技创新产业合作基地"作为五大任务之首，国家和省、市要求南沙打造大湾区综合性国家科学中心主要承载区、国际科技创新中心重要承载区。近年来，南沙集聚了一批"中字头""国家队"科技力量，省级新型研发机构数量占全市五分之一，力箭冲天、海底采冰等硬核科技蜚声全国，研发投入强度 5.46%，居全市第二。发展新质生产力的赛道上，南沙要加强科技创新，做强大湾区科技创新策源地，以科技创新打造发展新质生产力的主引擎，以原创性、颠覆性技术创新培育新动能。

二是把握"质优"这个关键。发展新质生产力，必须以科技创新驱动生产力向新的质量形态跃升，加快构建现代化产业体系。南沙产业基础扎实，先进制造业增加值占规模以上工业的 75.9%，汽车制造业产值近 2 000 亿元，中船龙穴造船基地是我国三大造船基地之一；战略性新兴产业增加值占 GDP 的 36.8%，集聚 1 000 多家人工智能和生命健康企业，"芯晨大海"产业集群气势不凡。但是对标先进地区，南沙还存在产业核心竞争力不够强、龙头企业不够多、关键技术"卡脖子"等短板弱项。发展新质生产力的赛道上，南沙要大力支持企业创新发展，推动现有产业向产业链高端延伸，实现产业新旧动能接续和优势再造，打造大湾区产业发展新高地。

三是把握"先进生产力"这个本质。发展新质生产力，必须推进深层次改革、高水平开放，形成与之相适应的新型生产关系。南沙改革开放的基因薪火相传，具有国家新区、自贸试验区、粤港澳全面合作示范区等先行先试改革开放优势，聚焦企业所需、产业所向，创新制度供给，深化体制机制改革，累计形成 997 项自贸区创新成果，制度创新指数排名全国前列，形成以开放促改革、促发展的良好态势。发展新质生产力的赛道上，南沙要坚持面向世界的开放导向，深入实施自贸区提升战略，不断扩大制度型开放，率先在科技管理体制机制、新型工业化体系、营商环境、要素市场化等领域进行改革，催生一批新产业、新业态、新模式，闯出一条以高水平开放发展新质生产力的新路子。

三、下一步工作举措

南沙作为国家战略重要承载地，必须扛起比学赶超、勇挑大梁的担当，以"二次创业"再出发的昂扬姿态，顶压前进、加压奋进、大步迈进，对大局工作一跟到底、一咬到底、一拼到底，在全市高质量发展中争先创优，在"大干十二年、再造新广州"中挺起南沙脊梁。

（一）全力推进实施《南沙方案》，打造重大战略性平台

用好用足省南沙工委机制，扎实推进南沙发展规划等 67 项重大事项，形成上下贯通、协同联动的工作格局。一是融通贯通规则衔接对接。发挥南沙粤港合作咨询委员会、南沙粤澳发展促进会等平台机制作用，持续深化与港澳规则标准的体系性领域性全面对接，联合港澳高校、科研院所申报国家科技计划项目，率先在建筑、交通工程领域建立国际人才职称评价体系，携手港澳共建大湾区航运联合交易中心，制定出台港澳居民免于参加养老保险和失业保险实施细则。二是提速提质先行启动区建设。集中资源力量加快先行启动区规划优化、基础设施建设、产业导入和功能提升，推进 130 万平方米产业载体建设，实现落户企业成倍增长。南沙湾重点发展科技创新、文化旅游、商务会展、邮轮游艇经济等产业，推进粤港澳青少年文体交流中心等项目；庆盛枢纽重点发展智慧交通、新一代信息技术等产业，加快建设新鸿基庆盛枢纽站场综合体等项目；南沙枢纽聚焦 TOD 站城一体化连片开发，围绕科技成果转化、专业服务等领域，打造粤港澳全面合作示范样板。三是抢抓狠抓政策项目落地。放宽市场准入 15 条，聚焦海陆空全空间无人体系、海洋科技创新、服务贸易、特色金融、种业、医药和医疗器械、检验检测和认证等 11 个重点领域，提出了系列先行先试举措任务，这些将为企业带来更多发展新场景、新机遇。南沙有全国最领先的土地管理综合改革试点政策，用地指标和用海审批由国家部委和省统

筹安排优先保障，南沙有政策、有空间、有指标，可最大限度满足企业发展需要。四是深化实化区域协同联动。以广东自贸区广州联动发展区建设为牵引，加强与全市各区互学互鉴、互相支持，形成特色发展、协调发展新格局。把握深中通道建成通车机遇，深化万顷沙南部区域规划和产业空间布局，推动共建广深产业园。加强与珠海横琴、深圳前海、深港河套及东莞滨海湾、中山翠亨等区域深度联动，释放"黄金内湾"整体效应。

（二）全力加快建设南沙科学城，锻造科创策源优势

紧紧拥抱新的"科学的春天"，加快推进教育、科技、人才"三位一体"协同融合发展，实现产业科技互促双强。一是建设大湾区国际科技创新中心重要承载区。以实施南沙科学城总体规划为牵引，推进明珠科学园完善组团布局，依托南方海洋科学与工程广东省实验室等争创海洋领域国家实验室基地，加快香港科技大学（广州）[以下简称"港科大（广州）"]二期建设，支持打造世界一流大学，营造贯通国际的开放创新生态，共建广州活力创新轴，锻造一批支撑国家高水平科技自立自强的"独门绝技"。二是建设华南科技成果转移转化高地。规划建设环港科大（广州）创新区，做大做强华南技术转移中心。积极探索与央企、国际先进科研组织合作共建国际先进技术应用推进中心（大湾区），搭建基金体系，推动先进技术市场化应用。培育高新技术企业超 1 200 家、科技型中小企业超 2 400 家，新增省级以上专精特新企业 100 家，让更多科研成果"走出实验室，跃上生产线"。三是建设大湾区高水平人才高地。视人才为珍宝，建设好人力资源服务产业园区，精准绘制高端人才地图和引才图谱，深入实施顶尖人才领航行动等九大行动，探索推进人才综合授权改革，优化全周期人才服务链条，到 2025 年新招收博士后人数年均增长 20% 以上，让广大人才到南沙安居乐业、成就事业、收获幸福。

（三）全力构建现代化产业体系，增强实体经济实力

坚持制造业当家，加快完善"2+5+2"先进制造业体系，打造大湾区产业发展新高地。一是聚力两大支柱产业"固存量"。支持广汽丰田稳产

增产，谋划新能源汽车基地，加快汽车产业向新能源与智能网联方向升级。发挥广船国际、东方重机等装备制造企业强链补链作用，引进船舶制造领域核心零部件企业，打造集修造船、海洋工程、邮轮船舶等产业于一体的世界级海洋工程装备产业集群。二是深耕五大战略性新兴产业"拓增量"。聚焦半导体和集成电路、人工智能与数字经济、生物医药与生命健康、新能源与新型储能、商业航天等产业，支持小马智行、芯粤能、融捷能源、巨湾技研、中科宇航、王老吉大健康等龙头企业释放新动能，推动智能驾控系统等项目竣工投产，晶泰科技智能 CXO 等项目开工建设，实现三年内战略性新兴产业增加值超 1 500 亿元。三是布局两大未来产业"谋变量"。瞄准深海空天开发等前沿领域，大力发展海洋产业、空天产业，开辟量子、元宇宙等未来产业新赛道。

（四）全力扩大投资促进消费，拓展市场发展空间

坚持稳中求进、以进促稳、先立后破，建指标、强对标、盯目标，推动经济量质齐升。一是大抓工业引投资。更好发挥政府投资带动作用，滚动推进"攻城拔寨"重点项目建设。千方百计抓工业投资，推动一批工业企业技术改造、规模以上工业企业数字化转型，以设备更新和技术改造持续提升先进产能比重；积极在污水处理、分布式能源、城市停车场、体育项目、新型基础设施等领域谋划储备一批特许经营项目。二是集聚流量促消费。吸引更多文旅体企业落户，做精三大商业综合体，推动大宗商品贸易产业集聚区企业导入，办好第二届全球消费者大会，发展数字消费、健康消费等新型消费。三是政企携手汇资源。一方面，坚持把招商引资作为高质量发展的动力源，充分用好 15% 企业所得税优惠及各项惠企政策，完善产业规划布局地图，加快建设一批高标准厂房，引导用足专项债券、制造业中长期贷款、设备购置与更新改造贴息等资金，持续打好资本招商、载体招商、图谱招商、以商引商等"组合拳"。另一方面，充分发挥企业家和港澳各界人士人脉广、资源多、信息灵的优势，将企业家和港澳各界人士"朋友圈"变为招商资源，达到以商引商、以企引企、抱团发展的成效。

（五）全力实施自贸区提升战略，提升门户枢纽能级

以开放促创新、促发展，加快建设更高水平开放型经济新体制。一是加快推进制度型开放。对标国际自贸港，加强改革系统谋划、政策集成创新，在服务贸易扩大开放、货物贸易自由化便利化、跨境数字贸易等领域争取一批重点政策，擦亮自贸区制度创新"金字招牌"。二是推动建设临港经济区。构建"前港、中区、后城"空间格局，推动 2023 年广州港南沙港区集装箱吞吐量 1 937.5 万标箱，同比增长 5.4%，海铁联运超 30 万标箱，同比增长 2 倍。深化国家进口贸易，促进创新示范区建设，扩大汽车出口、跨境电商外贸规模，大力发展离岸贸易、"保税 +"等外贸新业态。推动国际邮轮母港全面复航，打造拉动经济"金色名片"。三是深化金融开放创新。加快出台支持南沙金融改革开放方案，做强广期所、广数所，建设期货产业园，加快大湾区国际商业银行、保险服务中心等项目落地，以"金融活水"激荡产业活力。四是构建国际交往新平台。运营好中国企业"走出去"综合服务基地，构建国际一流的企业跨境投融资综合服务体系。

（六）全力营造一流营商环境，优化企业发展生态

通过优化营商环境，综合体现南沙经济高质量发展和政府高效率服务的成效。一是做优服务机制。扎实开展"执行落实年"行动和"干部作风大转变、营商环境大提升"专项行动，出台新一轮"产业版"营商环境改革举措，落实全区招商"一盘棋"、重大项目"一把手"负责制、项目落地"一条龙"服务，切实保障重大项目按节点推进、月结月清，切实当好保障、服务企业安营扎寨的"店小二"。二是做实要素保障。构建工业"标准地"出让、高标准厂房租赁等工业生产空间保障体系，为企业提供充足的产业用地。发挥广州产投创投母基金和南沙"两金两池"撬动作用，更好以投促引、以投促产、以投促创。三是做足政策扶持。强化政策制定、实施、兑现、评估全链条闭环管理，狠抓"促经济 8 条"落实，支持中小企业专精特新发展，用更加精准有效的政策助企纾困，让企业轻装上阵、加速奔跑。

南沙区全力贯彻落实
《广州南沙深化面向世界的粤港澳全面合作总体方案》①

南沙开发区党工委政研室

图1-2 南沙蕉门河中心区

---

① 本文数据截至2023年6月30日。

习近平总书记、党中央始终对广州南沙关怀备至，寄予厚望。2022 年 6 月，国务院出台《南沙方案》，赋予南沙打造成为立足湾区、协同港澳、面向世界的重大战略性平台的重要使命。广东省、广州市把推动落实《南沙方案》作为重大政治任务，举全省、全市之力推进。在国家、省、市的大力指导支持下，南沙坚决扛起使命责任，全力推进各项任务落地见效，落实《南沙方案》实现良好开局。

（一）聚焦重大使命任务，全力以赴做好《南沙方案》组织实施

围绕五大任务、两个阶段发展目标顺利完成，南沙构建近期、中期、远期接续省南沙工委攻坚、压茬推进的工作任务体系，顺利完成省"118+155"项、市 252 项、区 599 项重点任务事项和年度目标。强化体制机制保障。配合省、市调整优化南沙领导体制和工作机制，建立省推进广州南沙深化面向世界的粤港澳全面合作工作领导小组，设置省南沙工委及省南沙办，形成省、市、区三级扁平化运作机制，为南沙建设发展提供坚实的体制机制保障。政策效应加快释放。15% 企业所得税优惠政策、高新技术企业延长亏损结转年限政策、港澳居民个人所得税优惠政策已细化实施，为相关企业减免税额近 4.38 亿元，新增结转亏损 5 224 万元，已有 200 多名港澳居民享受个税优惠。《南沙方案》出台以来，新签约项目 304 个，投资总额 6 932 亿元，战略性新兴产业占比达 77%，提高了 15 个百分点。

（二）聚焦壮大发展动能，以科技自立自强助推高质量发展

南沙以创新链、产业链、资金链与人才链深度融合为基本路径，强化科技创新发展支撑，聚焦战略性新兴产业和未来产业，夯实实体经济根基。加快重大科创平台建设。《广州南沙科学城总体发展规划（2022—2035 年）》印发实施，中科院明珠科学园南部组团交付使用，南方海洋科学与工程广东省实验室被纳入国家实验室体系，国内首座深水科考专用码头正式启用，自主设计的国内首艘超深水大洋钻探船"梦想"号实现主船体贯通，大湾区科学论坛永久会址动工建设。深化与港澳科技合作。港科大（广州）建成开学，致力建成全球第一所融合学科大学，推动港科

大（广州）牵头建设的通感算交叉融合泛在物联网实验室获批省重点实验室，规划建设香港科技大学科技园，共建"港澳成果＋南沙转化＋湾区应用"科创产业生态链。抓好高新技术产业发展。广汽丰田新能源汽车产能扩建项目投产，汽车产业实现年产值达 2 000 亿元。集聚 1 000 多家人工智能和数字经济企业，芯粤能成为国内首个通过国家窗口指导的碳化硅芯片项目，实现国内首个宽禁带半导体全产业链布局。中科空天飞行科技产业化基地建成投产，国内最大固体运载火箭"力箭一号"成功首飞。落户融捷能源、巨湾技研、"液态阳光"等新型储能项目，建成国内首个固态储氢型制氢加氢一体站。国家级孵化器广东医谷、大湾区精准医学研究院等稳步发展。推进打造大湾区高水平人才高地核心区。率先开展全省人才重大管理改革举措和创新政策试点，出台"国际化人才特区 9 条"扶持措施，全国首创"1+3"营智环境评价体系，设立移民事务服务分中心，试点实施往来港澳人才签注政策，集聚高层次和骨干人才 2 万余人，人数 3 年翻两番，2022 年国家重大人才项目计划南沙入选人数占全市三分之一。

（三）聚焦全面服务港澳，加快打造港澳青年安居乐业新家园

南沙以服务港澳青年为重要抓手，围绕港澳实际需求，构建最优创新创业生态圈，营造港澳居民熟悉、国际一流、多元融合的环境，打造港澳青年安居乐业新家园。完善政策配套和服务体系。聚焦港澳青年所盼所需，深入实施支持港澳青年发展"五乐"（乐学、乐游、乐业、乐创、乐居）行动计划，出台港澳青创"新十条"政策，为在南沙就业创业的港澳青年提供全周期精准性支持。优化提升创享湾、创汇谷等 12 个青创基地，吸引近 500 个港澳创业团队。加强创业就业服务保障。建成港澳青年"五乐"服务中心、大湾区职场导师工作站，构建"住房补贴＋共有产权房＋人才公寓"住房保障体系。组织港澳青年参加"百企千人""优职英才"港澳青年实习计划，累计超 2 000 名港澳青年在南沙实习。率先聘用港澳人才担当公职人员，已有 26 名港澳青年在区机关事业单位、法定机构、国企就业。加强青少年交往交流。落户广东省粤港澳青少年交流促进会、广东政协港澳青年人文交流基地，定期举办香港科大百万奖金（国际）创业大赛、大湾区帆船联赛等赛事。

（四）聚焦规则机制对接，支持港澳更好融入国家发展大局

　　南沙着眼保持港澳长期繁荣稳定这个重大使命，深化与港澳互利共赢合作，为港澳开拓更广阔的发展空间。建设粤港澳合作平台。率先成立分别由全国政协副主席何厚铧、梁振英担任顾问的粤港合作咨询委员会和粤澳发展促进会。已集聚 52 个港澳商协会组织，设立南沙新区香港服务中心，常态化开展精准对接交流。有序推进金融市场互联互通。广州期货交易所、广州数据交易所、航运交易所快速发展，期交所首个品种工业硅期货和期权累计成交额近 4 000 亿元。跨境贸易投资高水平开放试点交易金额累计约 200 亿美元，启用大湾区（广州南沙）跨境理财和资管中心，获批全国首批气候投融资试点，落户总规模 2 000 亿元的广州产投，创投 2 个母基金。深化民生领域规则衔接。试行建筑和交通工程专业港澳人才职称评价管理办法，16 名港澳工程人才获得内地职称，全国首创粤港澳团体标准服务模式，在 6 个领域（法律服务、卫生、建筑、规划、税务、旅游）实现对港澳人士专业资格认可，出台涵盖 6 大重点产业领域 146 项境外职业资格认可清单。"港澳药械通"、香港"长者医疗券"落地，港式金牌全科门诊部、港澳居民健康服务中心启用。积极落实大湾区"社保通"，让在南沙工作港澳居民享有"市民待遇"。

（五）聚焦面向世界导向，拓展高水平对外开放门户功能

　　南沙着力统筹两个市场、两种资源，携手港澳建设高水平对外开放门户，提升全球资源配置能力，塑造国际竞争合作新优势。稳步推进制度型开放。累计形成 884 项自贸区改革创新成果，其中被国家和省、市复制推广 409 项，深化商事制度改革等 3 项获国务院督查激励，构建全球溯源体系标准体系入选国务院全面深化服务贸易创新发展试点最佳实践案例，南沙获批全国首批法治政府建设示范区，首次国家新区营商环境评价排名第三。增强国际航运物流枢纽功能。建成南沙港区四期全自动化码头、近洋码头、海嘉码头以及南沙国际物流中心，建成华南最大、功能最齐全的综合性枢纽港，累计开通 154 条国际班轮航线，开通中欧、中亚班列，2022 年集装箱吞吐量达 1 839 万标箱，海铁联运超 10 万标箱。落地 4 张国际航

行船舶保税加油牌照，共交付超 240 架飞机，成为华南地区最大的飞机租赁集聚地。拓展国际经贸交流合作。深入对接"一带一路"沿线国家和地区发展需要，积极推进中国企业"走出去"综合服务基地建设，已建成法律服务业、涉税专业服务业等集聚区。高水平建设国家进口贸易促进创新示范区，建成南沙"离岸易"综合服务平台，实现新型业务全链路跟踪监管，2022 年外贸进出口总值近 3 000 亿元，同比增长 15%。成功举办国际金融论坛（IFF）全球年会、大湾区科学论坛、大湾区全球招商大会等重大活动，拓宽国际交流交往渠道。

（六）聚焦人民城市理念，打造高质量城市发展标杆

南沙坚持以人民为中心，树立全周期管理意识，下足"绣花"功夫，提升城市综合服务功能，打造大湾区宜居宜业宜游优质生活圈示范区。优化提升城市设计。蕉门河城市客厅功能提升，深化庆盛枢纽、南沙湾、南沙枢纽 3 个先行启动区城市设计。新一轮南沙发展规划和国土空间总体规划修编取得重要成果，划定国土空间总体规划"三区三线"并正式启用，城镇开发边界在现有基础上扩展 1.9 倍。规划建设全民文化体育综合体，开展规划、研究设计国际竞赛。提升公共服务水平。获批全国义务教育优质均衡先行创建区，内地首个非营利性港人子弟学校开学，中山一院（南沙）建成使用，省中医院南沙医院基本建成，正分别申报综合类和中医类国家医学中心。南沙两次获评中国最具幸福感城区，在法治广州建设考评中连续 5 年全市第一，获评中国社会治理百强县第一名。打造大湾区"半小时交通圈"。实施《南沙综合交通枢纽规划（2020—2035 年）》，广州地铁 18 号线（首通段）及广中江高速、明珠湾大桥等建成通车，南珠（中）城际、深茂铁路广州段开工建设，深中通道南沙线、狮子洋通道等项目加快建设，深中通道桥梁主体工程实现全线贯通，外联内通的交通基础设施功能进一步强化。

2023 年是全面贯彻落实党的二十大精神的开局之年，是《南沙方案》全面实施的关键一年。南沙将坚持以习近平新时代中国特色社会主义思想为指导，认真学习贯彻习近平总书记视察广东重要讲话、重要指示精神，围绕高质量发展这个首要任务和构建新发展格局这个战略任务，全力做好

深化面向世界的粤港澳全面合作这篇大文章，积极探索中国式现代化的南沙路径，切实在大湾区建设"一点两地"中发挥重大平台作用，为服务"一国两制"伟大实践展现更大担当。一是深化与港澳全面合作，加快先行启动区建设，推动出台《南沙条例》，深化与港澳规则衔接、机制对接，拓展与港澳科技产业、青年交流等方面合作，打造港澳更好融入国家发展大局的重要载体和有力支撑。二是推进高水平对外开放，落实自贸试验区提升战略，推进营商环境等重点领域改革，探索高水平制度型开放，打好"五外联动"组合拳，加快建设临港经济区，增强航运、贸易、金融和国际交往功能，为大湾区成为新发展格局战略支点贡献力量。三是培育高质量发展动能，深化创新链、产业链、资金链与人才链融合发展，高水平建设南沙科学城、国际化人才特区，大力发展新能源汽车与新型储能等战略性新兴产业，前瞻布局未来产业，培育更具竞争力的现代化产业体系，使南沙在大湾区成为高质量发展示范地的过程中走在前列。四是践行人民城市理念，高标准编制新一轮南沙发展规划、国土空间总体规划，深化城市设计提升，集中力量建设高品质新城区，深入实施绿美南沙建设，促进城乡区域融合发展、共治共享，全力打造"精明增长、精致城区、岭南特色、田园风格、中国气派"的现代化都市，使南沙在大湾区成为中国式现代化引领地的过程中勇当尖兵。

夯实科技创新根基

争当大湾区创新驱动发展生力军

iiiiiiiiiiiiiiiiii 谢 伟 iiiiiiiiiiiiiiiiii

图 2-1 "梦想"号大洋钻探船

广东省第十三次党代会报告深入贯彻落实习近平总书记对广东系列重要讲话和重要指示精神，立足新时代新征程，提出要深入推进科技创新强省建设，要做强关键链条和提升创新整体效能，要有志气和骨气勇攀科技高峰。报告强调，广州南沙要"打造立足湾区、协同港澳、面向世界的重大战略性平台，建设大湾区国际航运、金融和科技创新功能承载区"，为南沙开发开放提出了更高目标、注入了更强动力。

广州南沙作为从一片滩涂蕉林地上起步建设的国家级新区，科技创新起步晚，基础相对薄弱。经过多年努力拼搏，南沙不断强化系统谋划，重点突破，科技创新事业进入新发展阶段，科技创新实力显著提升。全区科学研究与试验发展（以下简称"R&D"）投入强度持续提升，集聚高新技术企业近 800 家、人工智能企业超 300 家、生物医药企业超 200 家，构建起以人工智能、生物医药为代表的战略性新兴产业集群；获批 2 家国家级科技企业孵化器和 1 家国家级众创空间；集聚各类创新平台 352 个，其中省级新型研发机构 14 家，约占广州市五分之一；省级高水平创新研究院 4 家，约占广州市三分之一；科技型中小企业累计入库 1 619 家，增幅全市第一；"十三五"期间，高层次和骨干人才增长 7.9 倍，累计发放"南沙人才卡"近 1.5 万张，集聚院士 32 名，成为海内外人才就业创业新高地。

站在新的起点上，广州南沙紧扣新定位、新目标、新任务，切实增强责任感、使命感、紧迫感，自觉扛起科技自立自强责任担当，在科技创新工作上敢打敢拼、有所作为，加快建设科技创新平台基础设施，构建创新链、产业链、资金链与人才链深度融合的政策体系，集聚科技创新各类要素，全力提升自主创新能力和成果转化能力，将科技创新的宏伟蓝图从"设计图"转换为"施工图"，在广东打造具有全球影响力的科技阵地，在产业创新高地中争当尖兵！

一、抓好科技创新平台建设，下好大湾区创新发展"先手棋"

科技创新平台作为人才、资金、信息等各类创新要素的汇聚地，是科技基础设施建设的重要内容、科技创新体系的重要支撑、科技成果转移转化的重要载体。当前，南沙紧紧抓住平台建设这个"牛鼻子"，积极对接国家基础研究重大布局，发挥科研教育资源和创新基础设施集聚优势，以南沙科学城和明珠科学园为主阵地，以南方海洋科学与工程广东省实验室（广州）为主力军，打造世界前沿的重大科技基础设施集群。争取国家、省级资源，在海洋经济、空天科技等优势领域建设一批重点实验室，鼓励科研人员向科技"无人区"挺进，为原始创新提供策源力。

二、推动创新链与产业链融合发展，凝聚产业发展"源动力"

产业链的每一个环节或节点都可能成为创新的爆发点。创新链是产业链发展的动力之源，能带动整个产业链中各个环节共同创新。南沙围绕产业链部署创新链，聚焦人工智能、芯片技术、海洋科技、生物医药、航天航空、元宇宙等战略性新兴产业和未来产业，精准遴选一批产业上下游核心技术、关键零部件和重大装备攻关需求，推动源头创新和关键技术突破；围绕创新链布局产业链，积极对接战略资源，推动创新链条向前端移动，以创新优势引导产业资源集聚，以高质量的科技供给加快提升产业基础高级化、产业链现代化水平，以创新抢占产业发展制高点。

三、夯实企业创新主体地位，打造科创动力"强引擎"

企业是市场最具活力的细胞，是科技创新活动的直接承担者，担负着科技创新主要需求者、积极推动者、要素集成者和重要管理者等多重角色，直接决定科技创新发展的整体效能。南沙着力为企业自主创新营造稳定、开放、公平的市场环境，激发企业自主创新活力，加快构建科技龙头企业牵头、高校院所支撑、各创新主体相互协同的创新联合体；重点吸引一批研发水平高、技术优势突出、引领作用强的标杆型科技企业，加大科技型中小企业孵育孵化力度，培育一批具有高成长性的独角兽企业和瞪羚企业；实施中小企业"专精特新"发展行动，催生更多隐形冠军、单项冠军。

四、营造科技创新良好环境，构建聚合高端要素"强磁场"

良好的科技创新环境将有效优化资源的配置，提升协同创新能力，释放科技人才创造活力，将科技创新推上新高度。南沙聚焦科技创新发展的关键环节和领域，不断优化提升营商环境和科技创新政策环境，营商环境全球模拟排名从 2017 年第 51 位跃升至 2020 年第 21 位，科技创新政策从"16 条"升级到人才生态、原始创新、技术攻关、产业升级和金融支撑全面支持的"10 条"，真金白银支持科技创新全链条发展，逐步构建更加完善的知识产权保护体系，破除创新要素资源自由流动的体制机制障碍，增强各类创新主体获得感，激发创新发展强大合力，打造全链条、全周期、全要素的创新生态系统。

五、强化区域联动发展，协同打造大湾区科技创新"聚能环"

广东省第十三次党代会指出，要集中资源锻造战略科技力量，以建设粤港澳大湾区国际科技创新中心和综合性国家科学中心为牵引，构建以广深港、广珠澳科技创新走廊为主轴，以港深莞、广佛、澳珠为极点，其他城市协同支撑的"两廊三极多节点"创新格局。南沙处于广深港、广珠澳"人字形"科技创新走廊交汇点，将发挥"双区建设""双城联动"效应，协同中新广州知识城，串联人工智能与数字经济试验区、大学城等关键节点，合力打造广州科技创新轴。强化粤港科技合作，在科技人才跨境流动、科研资金跨境使用、创新成果跨境转化上先行先试，探索离岸创业，以香港科学园南沙孵化基地为载体，推动更多港澳科技成果在南沙转移转化。联动深圳光明科学城、东莞松山湖科学城，共建大湾区综合性国家科学中心。

六、强化人才"第一资源"优势，涵养人才发展"生态圈"

人才是创新活动中最为积极、最为活跃的要素。高水平科技自立自强的目标，对科技人才队伍提出了更高更紧迫的需求。这要求我们以更高站位、更高水准、更高质量实施人才强区战略，大兴爱才敬才之风，引导各级干部满腔热忱做好人才服务。南沙正加快推进国际化人才特区建设，深化人才发展体制机制改革，围绕人才引进、培养、评价、激励、使用等人才发展关键环节，谋划推进一批更加积极、更加开放、更加有效的创新性举措。通过提供全方位、全链条、一站式人才服务保障，南沙面向全球引进培养"高精尖缺"人才，促进人才资源要素顺畅融通、深度交流。

借鉴光明科学城、河套经验
高质量推动南沙科学城建设

王建明 吴梦涛 赵 利

图 2-2　中科院明珠科学园智能院

为学习借鉴光明科学城、河套深港科技创新合作区规划建设运营先进经验，高质量推进南沙科学城建设，调研组于 2023 年 11 月 8 日前往深圳光明、河套等地调研，先后考察了光明生命科学园、光明区城市规划展览馆、深圳湾实验室、晶泰科技和河套汇客厅，并与光明区分管领导及光明区、福田区有关部门深入交流，了解光明科学城在体制机制、政策保障、创新要素、产业发展、基础配套等方面的先进经验，以及"河套科技特区"在营造深港科技创新生态和构建全链条运营服务体系方面的先进做法。

一、深圳的相关做法和经验

（一）坚持"高位主导、系统支撑"，构建市区联动体制机制

深圳市委、市政府高度重视光明科学城建设。市层面，成立光明科学城规划建设领导小组，由市委、市政府主要负责同志担任组长、第一副组长，领导小组办公室设在深圳市发展和改革委员会，市区跨层级、跨部门成立综合协调、政策发展、建设推进、产业发展、人才工作五个专责小组。区层面，光明区落实属地责任，成立光明科学城建设指挥部，由区委书记、区长任指挥长、常务副指挥长，形成工作专班，落实市领导小组决策部署，推进科学城开发建设具体工作。财政投入方面，积极谋划布局重大科技平台，地方立项 8 个重大科技基础设施，总投资约 68.23 亿元，项目经费全部由市级财政承担。这启示我们，战略落实、决策落地是科学城建设发展的关键，由市层级主导科学城建设，形成市、区联动统筹推进体系，有利于统筹全市力量参与科学城建设，争取更高层级的科创资源和工作指导，建立从战略定向到具体落地的工作系统。

（二）坚持"城产分设、协调互促"，创新重大发展平台建设运营模式

光明科学城成立光明科学城发展建设有限公司（市属国企，以下简称"科学城公司"）和光明科学城产业发展集团有限公司（光明区属国企，以下简称"科学城产业发展集团"）。其中，科学城公司为光明科学城建设

平台，主要负责光明科学城大科学装置建设、融资和后期市场化运营，目前已全面介入光明生命科学园管理运营，以及建设自由电子激光、材料科学园等设施。科学城产业发展集团被定位为"产业升级的新平台和科技创新的助推器"，主要负责科学城配建、片区统筹开发和运营管理、招商服务、城市更新、社区产业空间开发运营等。河套由市属国企成立深港科技创新特别合作区发展有限公司，作为深圳园区规划设计、开发建设、资源链接和运营管理的统筹执行主体，以优质的服务和完善的配套设施，赋能园区科研机构创造重大创新成果。这启示我们，探索设立科学城投资发展主体，开展"投建运转"一体化综合统筹，有利于促进科学城开发融资、建设进度和后续科研资源的互联互通，推动创新链、产业链融合发展，提升科学城建设运营效益。

（三）坚持"空间集聚、资源聚焦"，大力提升科技创新密度

空间集聚方面，光明科学城按"一主两副"空间规划布局，以北部装置集聚区为核心，打造大科学装置集群、科教融合集群和科技创新集群，促进应用基础研究与产业创新融通发展。河套深圳园区规划面积 3.02 平方千米，构建"一心两翼"的空间格局，目前通过"租、购、改、建"四策并举充分释放优质科研空间，已建成 10 个专业园区，整备 80 万平方米高品质科研空间。资源集聚方面，光明科学城聚焦信息、生命、新材料三大学科领域，滚动推进 24 个重大科技创新载体落地建设，迅速提升集中度和显示度。河套精准聚焦，致力打造大湾区唯一以科技创新为主题的特色合作平台，围绕信息科学、生命科学、材料科学三大领域快速形成六大科创板块，平均每平方千米落地 115 家科创企业、38 个高端科研项目。这启示我们，聚焦主攻方向，高密度集聚资源，快速形成创新生态和品牌效应，是高质量推进科学城建设发展的重要路径。要在科技资源的空间分布、平台集聚等方面强化统筹，优化创新资源要素分布，并且注重重大科技基础设施之间的创新协同，形成紧密配合的设施集群，构建协同互补的科技创新生态。

（四）坚持"科学与产业"深度融合，打造科研经济新范式

科研与产业深度融合，是光明科学城建设的鲜明特色，也是光明区在科学城建设中的主线任务。光明区依托科学城产业发展集团，把握科学城建设机遇，成功打通科研成果转化"落地生金"路径。比如，依托合成生物研究设施，打造深圳市工程生物产业创新中心，定制化出台光明区关于支持合成生物创新链、产业链融合发展的若干措施，建设恒泰裕·华南医谷、卫光生命科学园等高质量专业产业园，首创"楼上创新、楼下创业"综合体 1.0 模式，形成"中心创新、圈层创业"综合体 2.0 模式。近几年，光明区合成生物产业从无到有，企业总量突破 80 家，总估值超 280 亿元，占全国增量的五成以上。同时，光明区复制推广上述经验，集聚 50 家总估值超 100 亿元脑科学关联企业；推动智能传感器产业快速成型成势，仅 2023 年新增落户传感器企业 26 家，现有传感器企业 82 家，接近全市四分之一。预计到 2024 年，全区智能传感器产业总产值将突破 100 亿元，未来将成为深圳最大的智能传感器产业集群。这启示我们，以科学研究带动产业发展，是科学城可持续发展的关键。要深入研究重大科技基础设施相关产业趋势，围绕科学新发现、技术新发明、业态新方向持续发力，贯彻设施建设"沿途下蛋"理念，做强科技成果转移转化体系，加快打造独具特色的科学与产业深度融合的科研经济新范式。

（五）坚持"制度＋科技"双轮驱动，持续深化粤港澳科技合作

河套深港科技创新合作区是内地与香港科技创新和制度创新双轮驱动的重大平台，在跨境科技合作方面有诸多新探索。一是加强顶层规划。编制河套深圳园区科技创新规划，梳理分析香港科技创新资源清单、与河套相关的国内外高端科创资源清单、重大项目清单、科技人才清单、投资机构清单、重大改革政策清单"六个清单"。二是实行分区监管。在福田保税区等海关监管区域建立机构、企业和个人"白名单"制度，对人员进出、货物流动实行"一线""二线"分线管理，"一线"监管高度开放、要素高效便捷流动，加快筹建合作区跨境专用口岸。三是构建科技创新体制机制。支持内地和香港创投资本共同设立创投基金，组建跨境双币早期母

基金和系列专业子基金。建设国际数据专用通道、国际通信出入口局，建设固网接入国际互联网的绿色通道，允许香港通信服务商在海关监管区域内提供通信服务。允许港资企业适用香港法律解决合同纠纷以及选择香港为仲裁地，探索知识产权跨境转让交易路径。这启示我们，制度创新与科技创新双轮驱动，是激活科学城发展活力的点火器。要构建国际化的科技创新体制机制，加快建立与香港地区乃至与国际全面对接的科研管理制度，促进人员、物资、信息、技术、数据等科研要素跨境高效便捷流动，协同香港推动国际科技创新，打造国际一流科技创新平台。

二、下一步工作建议

（一）完善南沙科学城投融资平台，加快科学城建设进度

参考光明科学城的做法，设立南沙科学城投资发展主体，成立市属或区属公司作为南沙科学城投融资平台，统筹推进开发融资、工程建设、后期运营等工作，加快南沙科学城建设。由该平台统一负责大科学装置和重大科技创新平台的建设、融资和后期市场化运营，通过开放共享，获得更显著的经济和社会效益。

（二）统筹集聚创新要素资源，构建南沙科技创新生态

加强创新资源空间统筹布局，以庆盛产教融合数字创新示范区和中科院明珠科学园作为两核引领，集聚科技创新资源，打造创新资源集聚示范片区。结合南沙科技创新资源优势及产业发展现状，聚焦海洋、空天、信息、生命四大领域，加快科技要素集聚，构建南沙科技创新生态，促进产业链和创新链融合，推动"研—学—产—城"四位一体高质量发展。

（三）打造科研经济先行地，塑造南沙高质量发展新优势

在大院、大所、大学、大装置的共建合作协议中明确科技成果产出，研究"一院一园"产业机制，即每个高端科研院所、前沿交叉研究平台都

对应谋划一个产业集群基地。大力发展新型研发机构，探索多元化的发展模式，推动新型研发机构功能多样化、研发网络化，不断提升科技成果转化率，增强技术应用与服务能力。

（四）着力深化港澳科技联合创新，完善港澳科创产业生态链

对比《河套深港科技创新合作区深圳园区发展规划》，争取使在深圳园区适用的科创体制机制等适用于南沙，且优先适用于南沙三个先行启动区，特别是"一线高度便利出入境"、设立穗港创投基金和跨境双币早期母基金、开通国际互联网绿色通道、引入香港通信服务商、对产业重大科技问题实行全球揭榜、培育科研项目经理、科研资金适用港澳审计准则等方面。建设穗港协同实验室等高端科研机构，灵活适用港方主导和运营或中方主导和运营，开展跨学科基础研究及技术攻关，联合承担国家、省、市科技重大专项，涌现更多从 0 到 1 的创新。

参考文献

［1］中共深圳市光明区委宣传部. 光明科学城：探索"有为政府＋有效市场"的科学城发展"深圳路径"［N］. 人民日报，2023-09-19（8）.

［2］邓红丽. 光明区经济三季报背后的高质量发展路径　科研经济成势　发展动能澎湃［N］. 深圳特区报，2023-11-13（A1）.

建设环香港科技大学（广州）创新区
打造大湾区科创"硅谷"

崔正星　沈　薇

图 2-3　香港科技大学（广州）

港科大（广州）作为香港科技大学、广州市以及广州大学三方共建的研究型大学，是《南沙方案》出台后落成的首个项目，翻开了粤港澳大湾区高等教育发展的新篇章，也为全市乃至大湾区加快培养创新人才、激活创新创业、培育新兴产业提供了新机遇。围绕研究型大学建设科技创新中心在国内外早有先例，国外如斯坦福大学为硅谷的形成和崛起奠定了坚实基础；国内城市如合肥围绕中科大打造创新区，孵化33家上市公司，培育智能语音、合成生物、量子信息等新兴产业，过去十年带动GDP增长155.8%。我们认为，港科大（广州）具有"港科大一体，双校互补"特色优势，围绕其配套人才、资金、政策、载体等创新资源，建立健全组织保障机制，形成以"1+N"科技园为核心的空间发展格局，高标准、全方位、多层次建设环港科大（广州）创新区，能够释放港科大（广州）重大创新平台牵引作用，打造大湾区科创"硅谷"。

一、港科大（广州）科技成果转移转化优势及存在问题

（一）基础及优势分析

一是"港科大一体，双校互补"框架下的创新基因。港科大（广州）以香港科技大学在科研及科技创新上取得的丰硕成果为基础，保持两校在学术规范、师资水平、课程质量等方面一致，同时实现科研资源共享、优势互补。如港科大（广州）目前设有15个中央实验室，与港科大的2个国家重点实验室、9个中央研究设施、51个研究中心共享共用科研资源，全方位培育复制清水湾校区创新环境，致力于为大湾区再现一批如第四范式、希迪智驾、大疆创新、固高科技、云洲无人船等港科大校友企业。二是国际化、创新型、高水平的科研力量。港科大（广州）已有长聘制学术人员超200位，共有34位教授进入美国斯坦福大学发布的全球前2%顶尖科学家榜单。其中29位教授入选"年度科学影响力排行榜"，24位教授入选"终身科学影响力排行榜"。在强大科研力量的支撑下，港科大（广州）迅速完成58项国家自然科学基金、11项省基础与应用基础研究基金的申报，实现科研立项质量和数量的双突破。此外，港科大（广州）专业优势非常突出，本硕博生源优质，首年本科招生分数稳超中山大学，为科

技成果转化奠定了良好的研究基础。三是创新的学术架构、教育模式和知识转化模式下的人才培养模式。港科大（广州）通过设置"枢纽"和"学域"的学术架构，打破了传统大学以学院和系为基础的学科壁垒，促进了融合学科教育、研究及知识转移的发展，以此鼓励学生开展涉及多个学科的学术研究，并通过项目式学习进行团队合作，用融合学科知识提出有效的解决方案。尤其是硕士在读期间，学生需要与不同学域的同学组队完成一项创新项目，其中 10%～20% 的项目团队最终会转化为创业团队，这一教学模式为港科大（广州）创新创业建立长效机制奠定了基础。

（二）存在问题

一是创新创业项目市场成熟度不高，孵化企业偏少。港科大（广州）虽然拥有庞大的科研人才团队，但科技成果转化体制机制尚不健全，市场化专业化的科技成果运营管理能力尚未形成，迄今累计孵化校内创业项目仅 57 个，其中还包括 31 个处于概念期的项目，能够快速产业化的成熟期项目仅 6 个。同时，港科大（广州）周边缺乏中试场所、孵化基地、配套设施等，一些技术成熟、应用市场广阔的项目并未在校内孵化，反而流入佛山、深圳等地区。[①] 数十个创业项目中也仅有 4 成转化成市场主体，注册成立了 23 家公司（有 12 家公司落户南沙）。其中，大部分公司都是由教职人员创办，仅有不足 3 成为学生创业项目（有 2 个创业项目有计划转为公司），学生创新创业活力有待提升。二是校企合作广度深度不足，创新发展支撑能力有待提升。港科大（广州）积极联系社会各界，强化社会服务功能，但由于常态化对接机制缺乏、合作平台规格不高等问题，港科大（广州）校企技术合作项目偏少，专利授权数量不多，迄今虽与超过 1 000 家企业进行了产学研对接，但立项的横向科研项目仅 66 个，校企技术合作项目仅 67 个。此外，港科大（广州）作为重大科技创新平台，公共服务能力还需进一步完善提升，如嘉检医学、百盛生物等区内企业对于大型科

[①] 如港科大（广州）可持续能源与环境学域署理系主任杨晶磊教授的建筑机器人科研项目进入顺德博智林机器人实验中心孵化，功能枢纽署理院长温维佳教授的 P3 快速芯片检测系统落地河套深港科技创新合作区等。

研仪器设备使用需求较大，但由于港科大（广州）采购价格较高，对外使用收费为一般设备仪器价格的 2～3 倍，企业往往望而却步。

因此，有必要围绕港科大（广州）建设环港科大（广州）创新区，加快人才、资金、政策、载体配套，推动知识、技术、人才等要素流动形成创新联系，打造以港科大（广州）为核心，政府部门、科研机构和企业等创新主体为节点的创新圈层，发挥港科大（广州）重大创新平台牵引作用。

二、合肥经验："科大硅谷"赋能城市创新发展蝶变升级

合肥创新发展的关键一招在于发挥中科大重大科技创新平台牵引作用，从以往争取省部支持、专项资助、载体建设等创新资源，到如今围绕中科大全方位、多层次、高标准建设"科大硅谷"，为合肥提供源源不断的研发资源、高端人才以及产业升级动力。一是激发师生创新创业活力，加快科技成果产业化。安徽省针对中科大专项设立"安徽省资助中国科学技术大学学生创新创业计划"，安徽省各市与中科大联合设立"鲲鹏计划"，中科大配套设立雏鹰基金、雄鹰基金，针对科研项目、初创项目等科技成果不同转化阶段提供 10 万～500 万元不等的经费支持，积极推动学生创新创业和成果转化。二是省部共建人工智能产业化基地"中国声谷"。依托中科大、中科院、科大讯飞等研发的全球领先的语音、机器视觉、生物识别等智能交互技术，合肥市积极争取安徽省及工信部支持，成立部省共建"中国声谷"项目领导小组，全国首创省政府出台以产业基地命名的专项政策《支持中国声谷建设若干政策》，先后落实两批百亿级"中国声谷"建设项目投资计划。截至 2022 年年底，"中国声谷"已实现入园企业超 2 000 家、营业收入达 2 050 亿元的"双两千"目标，连续五年产值增长率和企业数量增长率超 30%，直接推动了合肥市人工智能产业集群的形成。三是举全省之力高标准建设"科大硅谷"。为进一步以中科大为核心，聚焦创新成果转化、创新企业孵化、创新生态优化，合肥市积极争取安徽省出台《"科大硅谷"建设实施方案》，成立由省政府主要负责同志任组长的"科大硅谷"建设领导小组，规划建设"一核两园一镇"功能承载区。合肥市同步配套出台《支持"科大硅谷"建设若干政策》，致力

于到 2025 年集聚科技型企业、新型研发机构、科创服务机构等超 1 万家，汇聚各类优秀人才超 10 万名，使"科大硅谷"成为极具活力、引领未来、享誉世界的创新之谷。

三、创新合作机制，建设环港科大（广州）创新区

建设环港科大（广州）创新区要高标准、全方位、多层次配套资金、政策、载体等创新资源，加强市级领导组织保障，强化"一园一院"空间布局，加快专项资金政策赋能，将环港科大（广州）创新区建成具有广州特色、国际一流的"湾区硅谷"。

（一）成立广州市环港科大（广州）创新区建设领导小组，打造政策先行先试集聚区

一是争取广州市支持，成立广州市环港科大（广州）创新区建设领导小组。建议借鉴中科大发展经验，争取市层面支持，推动广州市与港科大（广州）联合成立环港科大（广州）创新区建设领导小组，统筹创新区顶层设计、政策规划、要素保障等，建立对口服务的绿色通道和特事特办机制，落地重大产业链、创新链项目，加快创新资源集聚和政策环境优化。二是争取让广州市出台"环港科大（广州）创新区"专项方案及扶持政策。在空间布局、管理运营架构、科技成果转化机制等方面研究制订中长期发展规划，配套科创、金融、产业、人才引进培育政策。同时，发挥南沙自贸区庆盛枢纽区块、《南沙方案》庆盛枢纽先行启动区等多重国家战略优势，支持环港科大（广州）创新区内先行先试科技体制机制创新、市场准入、人才流动、对外合作等关键环节改革举措，尤其是对接香港科创资源，探索创新区内企业便利科研资金跨境流动机制，建设公用型保税仓库便利科研设备用品通关使用等，促进创新要素高效便捷流动，营造高度衔接香港地区乃至国际的创新环境。

（二）建设以"1+N"科技园为核心的环港科大（广州）创新区

一是高水平布局建设港科大（广州）科技园。目前，港科大（广州）省级大学科技园由霍英东研究院负责运营，但规模小、距离远、创新资源不足。建议争取广州市支持，市校共建港科大（广州）科技园，依托港科大（广州）优势学科和智力资源，构建创新创业生态，提供多元增值服务，重点建设学生科技创业实习基地、众创空间、小型微型企业创业创新基地等全链条科技创业孵化载体。同时，吸引国内外著名企业与科研机构的实验室、工程技术中心、概念验证中心设立分支机构，为创新创业提供概念验证、工程试验、公共服务等，实现人才、技术、资本、信息等多元创新要素的全面协同。二是设立港科大（广州）人工智能技术研究院。南沙集聚了400多家人工智能企业，业务范围覆盖人工智能芯片、基础软件算法、自然语言处理、新型人机交互等领域，已初步建立起较为完善的产业生态体系。同时，人工智能是港科大（广州）的优势学域，拥有以熊辉教授为代表的高水平师资力量和 AI 融合智算中心、AI 前沿交叉科学重点实验室等科研平台，但高校与市场之间还需要支撑平台，打通"基础研究 + 技术攻关 + 成果转化"创新链。建议争取广州市支持，推动港科大（广州）、云从科技、佳都科技等人工智能行业龙头企事业单位组建集科研攻关、成果转化、产业孵化、人才集聚、创业投资等功能于一体的技术研究院，打造全链条垂直融通的创新生态体系，形成链接全市人工智能创新资源和服务全市产业主体的支撑平台。三是规划建设以"1+N"科技园为核心的环港科大（广州）创新区。建议先期规划以《南沙方案》8 平方千米庆盛枢纽先行启动区为主要功能承载区，布局建设以港科大（广州）科技园为核心，粤港智谷／云谷和湾区创新港等 N 个产业园协同发展的环港科大（广州）创新区，尤其要注重各产业园协同错位发展（目前规划建设的产业园以人工智能为主题的居多），打造人工智能、新材料、微电子、能源环保等多个产业园 IP 集群。远期推动南沙北部三大制造业强镇东涌、大岗、榄核纳入环港科大（广州）创新区规划范围，以环港科大（广州）创新区主要功能承载区辐射带动北部三镇制造业转型升级，打造"前智后厂"创新发展模式，建成具有广州特色、国际一流的"湾区硅谷"。

（三）打造转移转化对接平台，强化粤港澳科技联合创新

一是做大做强 INNOTECH 创科嘉年华品牌。香港科大百万奖金（国际）创业大赛是享誉全球的创赛品牌，每年平均吸引超过一千支创业团队参赛，发掘并培养了大疆无人机、云洲无人船等一批知名独角兽企业。在"港科大一体，双校互补"的理念下，INNOTECH 创科嘉年华具有成长为国际性科创活动品牌的潜力。建议争取广东省支持，推动省校共办 INNOTECH 创科嘉年华，强化优质科创项目、行业头部企业、高水平创投机构对接，通过 INNOTECH 创科嘉年华将学界、产业界、创投界串联起来，搭建"产学研创投"一体化交流平台，助力粤港澳大湾区科技创新、产业升级和高质量发展。二是推动市属国企为港科大（广州）科技成果转化提供应用场景。科技成果转化对应用场景需求强烈，广州市属国企 30 多家，资产总额超 6 万亿元，可提供丰富的应用场景。建议争取广州市支持，推动越秀集团、广汽集团、广州产投等市属国企定期对接港科大（广州），加强应用场景需求对接，加快港科大（广州）科技成果转移转化。三是争取将粤港澳科技联合创新专题常态化纳入广州市科技计划项目。建议争取广州市支持，通过设立面向市内粤港澳合办高校、科研机构的粤港澳科技联合创新专题项目，鼓励港科大（广州）利用自身的学科和创新资源优势，与本地院校、科研机构、企业等各类创新主体形成科研技术攻关和交叉学科建设的联合创新体系，共同申报重点领域研发计划、"揭榜挂帅"项目等。同时，市科学技术局可设立粤港澳研发创新服务专门平台，在科研立项、共建科研平台等方面提供便利，强化粤港澳科技联合创新。

（四）市级专项支持师生创新创业，设立港科大（广州）科研成果转移转化专项基金

一是争取市级专项支持师生创新创业。港科大（广州）硕博入读期间需要组成一个涉及材料、传感、网络、制造等不同方向的项目团队，攻克一个综合性系统问题。这种以探索为导向、学科融合的学习培养模式极容易将团队项目转化为一个创新创业项目。建议争取广州市支持，针对港科大（广州）专项设立"广州市支持港科大（广州）师生创新创业计划"，

为应用型科研项目、初创型团队提供经费支持，积极推动师生创新创业和成果转化。二是设立港科大（广州）科研成果转化投资基金。建议争取广州市支持，推动市区两级国资共同设立首期 1 亿元的港科大（广州）科研成果转化投资基金，对内投资港科大（广州）科技成果项目，对外支持香港科技大学（清水湾校区）及其校友项目；远期撬动社会资本设立 100 亿元的环港科大（广州）创新区母基金，对内投资环港科大（广州）创新区内企业，对外承接香港电子工程、生物医药等领域创新成果转移转化。三是建立港科大（广州）科研成果转化投贷联动机制。建议争取广州市支持，推动广州银行、广州农商银行与港科大（广州）科研成果转化投资基金受托管理机构深度合作，为被投企业优先提供资金结算、信贷融资等一系列配套的金融服务。

对接《香港创新科技发展蓝图》推动南沙科技创新产业高质量发展

崔正星

图2-4 香港科技大学霍英东研究院

2022年12月，香港特区政府公布《香港创新科技发展蓝图》（以下简称《蓝图》），为未来五至十年的香港创新科技发展提供清晰的发展路径和系统的战略规划，引领香港实现建设国际科创中心的愿景。《蓝图》的建设理念、思路、措施与南沙深化粤港澳全面合作契合度高、互补性强。2023年2月，李家超率领香港特区政府代表团访问广州时，表示"特区政府会全力支持并推动广州南沙成为大湾区高水平对外开放门户，携手共建国际一流湾区和世界级城市群"。南沙作为粤港澳大湾区国际科创中心重要承载区，要建设科技创新产业合作基地，可精准对接《蓝图》，推动两地创新链上下游互补发展，强化科创投资联动，加强数字经济产业合作，联动提升社会科创氛围。这对于南沙打造成为立足湾区、协同港澳、面向世界的重大战略性平台有重要意义。

一、《蓝图》绘就香港科创四大方向

特区政府围绕国际创新科技中心建设，从顶层规划和设计着手制定《蓝图》，从完善科创生态圈、壮大人才库、发展数字经济、做好内联外通四大方向发力，并提出八大举措、落实落细四大方向，为香港和南沙在创新链上下游合作、产业合作、投融资联动等方面开拓了新空间，创造了新机遇。一是完善科创生态圈，推进"新型工业化"。加大大学基础科研活动及设施投入，设立科创基金、建立成果孵化平台等激励科研成果转化落地，支持生命健康科技、人工智能与数据科学、先进制造等产业发展，增加数码港五期、科学园二期、落马洲河套区科创土地及提升基建配套，设立共同投资基金、优化现行上市制度等拓展初创和科技企业融资渠道。二是壮大科创人才库，增强发展动能。通过"创科生活基金"和"一般支援计划"资助科创实践项目和非研发项目，兴建科学展馆及教育设施，推广全民科普教育，提升整体社会科创氛围。鼓励中小学及大学推广更多与科学、技术、工程及数学相关的课程。针对杰出人才、海外留学港人、非本地科研人才、理工科毕业生等实行分层分类人才延揽培育措施，提供一站式服务和针对性的配套措施，增强人才的归属感。三是推动数字经济发展，建设智慧香港。特区政府成立"数字化经济发展委员会"，制定有关鼓励不同行业采用数字化的措施，共同为香港谋划数字化经济发展蓝图，尤其是加快建设智慧政府，推动政务服务线上办理，提升政府服务效率。四是积极融入国家发展大局，做好联通内地与世界的桥梁。探索推行更多措施促进资金、人员、数据、物资、项目等创新要素跨境便捷流动，加强与广州南沙、深圳前海两大平台合作，利用《南沙方案》落地契机积极参与南沙开发建设。依托港科大（广州）强化与南沙的科研合作，完善大湾区科创产业链建设。强化连通内地和世界桥梁的角色，推动与海外开展科创合作。

二、香港、南沙两地科技创新领域互补性强，合作前景广阔

自香港回归祖国以来，历届特区政府在科创基建、汇聚人才、推动研发和成果转化等方面推出了一系列措施，为科技创新发展奠定坚实基础。同时，在与南沙科技协同创新发展方面成效显著，如《南沙方案》、港澳青创"新十条"政策红利释放，港科大（广州）、霍英东研究院等重大平台落地南沙，香港科学园（南沙）孵化基地挂牌运营等。种种成效源于两地之间科创优势互补（香港、南沙科技创新发展情况见表2-1），如香港科技创新优势在于：一是拥有高度国际化的市场氛围。香港是全球金融、贸易、航运等多方面的国际枢纽，有利于汇聚海内外人才和国际科创合作交流。二是拥有雄厚的科研实力。原创动力强，具有实现从 0 到 1 创新所必备的雄厚实力，拥有众多世界领先水平的科研院所，是全球高水平科研院所聚集程度较高的城市。三是拥有自由开放的创新环境。香港提供高效和自由开放及公平营商环境、自由进出的资金、自由的贸易和投资制度、与国际接轨的法律和会计制度、优越成熟的金融市场、联通世界的交通和数据网络、完备的科技咨询基建等。

表 2-1　香港、南沙科技创新发展情况 ①

类型	香港	南沙
科研平台	5 所全球百强大学、2 所全球排名前 40 的医学院、16 所国家重点实验室、6 个国家工程技术研究中心香港分中心和 22 所中国科学院联合实验室	1 个国家工程技术研究中心、4 家省级高水平创新研究院和 14 家省级新型研发机构
研发投入及占 GDP 比重	265 亿元；0.99%	116.21 亿元；5.45%
人均研发支出	3 075 元	12 900 元
创新载体	香港科学园、港深创新及科技园、香港数码港	广东医谷、乐天云谷、优创社区
独角兽企业	12 家	3 家①
科创人才	4.53 万人	1.57 万人
代表性科技企业	商汤科技、思谋科技	云从科技、小马智行、中科宇航
优势领域	生物医药、人工智能、金融科技	人工智能、汽车、生物医药

　　近年来，南沙科技创新发展成效显著，相较于香港形成了独特优势：一是全面提升的研发投入强度。2021 年南沙 R&D 投入突破一百亿元，同比增长 71.5%，经费投入强度为 5.45%，其中企业 R&D 投入占比超七成。二是充满活力的科技型企业。南沙涌现了一大批独角兽企业及专精特新中小企业，在承担重大科技项目、支撑产业创新发展方面表现突出。三是广袤的产业腹地及市场空间。在汽车、外贸等产业稳固发展的同时，人工智

---

① 不包括未来独角兽企业、种子独角兽企业等。

能、生物医药、集成电路等战略性新兴产业快速增长。总体而言，香港创新链上游的研发实力强劲、人才积淀雄厚，同时金融服务、营商环境、国际化市场等科创配套优势显著，但中下游成果转化、市场应用薄弱；而南沙创新链上游基础研发偏弱，中下游成果转化、市场应用基础条件良好。两地科技创新领域互补性强，合作前景广阔。

三、协同香港推动南沙科技创新产业高质量发展的建议

（一）加强两地创新链上下游合作，打造科技攻关到成果产业化全链条

一是依托"科创新十条"等专项政策强化两地创新链合作。借鉴《深圳市前海深港现代服务业合作区管理局支持科技创新实施办法》及"粤港科技合作资助计划"，细化南沙"科创十条"中关于两地科创合作的政策条款①，在创新平台建设、科研成果转移转化、科技联合攻关、创新联合体组建等方面通过政策引导加强两地科创合作链条。二是与香港高校、创新平台加强技术合作，联合攻关并进行产业培育。补充"中试转化＋科技金融"创新链薄弱环节，以港科大（广州）为抓手推动科研成果转化，优化创投支持；争取香港大学、香港中文大学、香港理工大学等高校在南沙设立技术研究院、新型研发机构等，增强创新链上游环节；进一步拓展与香港科学园、香港数码港、香港应用科技研究院、香港 X 科技创业平台等创新平台共建产业孵化基地、创新创业平台等，延伸创新链下游环节，积极推动"港澳成果＋南沙转化＋湾区应用"科技创新模式。三是对接"InnoHK 创新香港研发平台"共享创新资源。"InnoHK 创新香港研发平台"由香港创新科技署推动成立，已有全球范围内 28 所研发实验室获选进驻，已设立中药创新研发中心和人工智能与机器人创新中心。② 可充

---

① "科创新十条"中仅有"粤港澳联合实验室""港澳人才引进"等科创合作条款。
② 中药创新研发中心设有干细胞、生物医药、中药、眼睛健康等领域的 14 个研究分中心，人工智能与机器人创新中心拥有人工智能、机械、材料等领域的 14 个研究分中心。

分发挥南沙生物医药、人工智能领域优势，鼓励区内科研院所、企业对接"InnoHK 创新香港研发平台"，充分借助其汇聚全球的研发团队和科研设施资源，加强在干细胞、眼科、数据分析、机器人等领域的研发合作，以高水平科技供给推动南沙产业集群高质量发展。

（二）加强科创投资联动合作，丰富科创投融资渠道

一是推动南沙与港澳政府部门共同出台科技产业投资联动发展政策。借鉴《关于支持前海深港风投创投联动发展的十八条措施》，支持符合条件的香港私募基金参与南沙的港资创新型科技企业融资，为其在基金注册、营商服务、资金调配等方面提供便利，打通香港、南沙两地的资本流通脉络，引导资金投资于南沙的科技产业，加速整个大湾区的科技创新及产业发展。二是争取联动香港在南沙设立大湾区港交所上市后备企业培育孵化基地。《蓝图》提出，港交所会相机于 2023 年修改主板上市规则，便利五大类型科技公司[①]来港上市融资，优化 GEM（前期创业板），为中小型及初创企业提供更有效率的融资平台。近年来，固生堂、兆科眼科、中康控股等南沙企业纷纷登陆港交所并成功上市，累积了 70 余家后备上市企业，企业上市需求强劲。建议抢抓香港资本市场改革机遇，建立完善的上市后备企业培育、孵化体系，进一步引导南沙乃至大湾区科技型企业，尤其是五大类型科技企业和生物医药企业借助香港多层次的金融服务体系融资扩张。三是借鉴香港经验，加强政府产业引导资金统筹管理。特区政府设立"香港投资管理有限公司"，将各类投资基金和"共用投资基金"归一收纳。近年来，南沙政府产业引导基金逐步发展壮大，产业发展支撑作用显著，建议设立专业机构统筹管理，规范引导资金设立运作，更好地发挥财政资金的引导放大作用。

[①] 五大类型科技含新一代信息技术、先进硬件、先进材料、新能源及节能环保和新食品及农业技术。

（三）强化两地数字经济合作，赋能科创产业高质量发展

一是联动香港探索建设大湾区数据中心。香港拥有全球第四大数据中心市场，是中外数据流通的重要枢纽，但土地资源紧张一直困扰着 IDC 业务的发展扩张。南沙已相继投入建设 10 个数据中心，具有扎实的数字基建基础。建议南沙联动香港探索建设大湾区数据中心，一方面，依托中心平台加强与香港的数字化合作，通过数据传输、运算、加工等创造新应用、新业态；另一方面，广州数据交易所、全球溯源中心等南沙平台可依托香港数据枢纽链接全球数据资源，推动南沙科技、金融、贸易等高水平开放。二是加强两地数字政府和智慧城市建设合作。南沙企业在电子政务服务、数字基建、工业互联网等领域具有优势，建议鼓励巨杉软件、暗物智能、华佳软件等企业加强两地的业务合作和技术交流，推动南沙数字经济产业形成溢出效应和市场辐射。三是创新公共示范应用场景。借鉴香港"公营机构试用计划"，鼓励南沙政府部门、法定机构、非营利组织等公共机构在科普教育、生态环保、智慧城市等领域试用科技型企业未上市的创新产品和方案，创新公共示范应用场景，拓展企业研发成果商品化渠道，激发科创成果转化动力。

（四）便利外籍科创人才停居留，联动香港提升科创氛围

一是分层分类推动居港外籍科创人才入境、停居留便利。《蓝图》提出"积极与内地研究推行更多便利居港的外籍人士前往大湾区内地城市推行科研活动及工作的政策"。借鉴《关于在粤港澳大湾区内地城市试点实施往来港澳人才签注政策的公告》，争取在南沙试点实施往来居港外籍科创人才入境、停居留便利措施，实行更大力度的国际高端人才引进政策。二是推动香港科研院所、科研团队参与南沙科技项目。《蓝图》提出"研究更多便利港资科技机构或企业可在内地开设业务的措施，继续争取中央进一步扩大开放香港参与内地财政科技计划"，以南沙科技计划项目申报、科技项目"揭榜挂帅"为抓手，吸引更多香港核心科研力量参与南沙关键核心技术攻关，探索完善联通港澳、接轨国际的科技项目管理机制，推动两地构建产学研协同创新体系。三是打造多元交流合作平台，提升全区科

技创新氛围。借鉴香港科创文化城市建设经验，依托大湾区科学论坛、港科大（广州）等重大科创平台及香港科大百万奖金（国际）创业大赛等高水平赛事，在海洋科技、航天科技等南沙特色优势领域举办科创讲座、展览会、创新创业赛事等；争取与香港科学院、大湾区院士联盟、团结香港基金等在南沙举办"科学论坛""创科博览"等，联动香港提升全社会科创氛围。

强化南沙与港澳科技联合创新
着力打造大湾区创新型产业新高地

暨南大学中国（广东）自由贸易试验区研究院课题组

图2-5　南沙资讯科技园

习近平总书记高度重视科技创新，在党的二十大报告中强调："加快实施创新驱动发展战略，加快实现高水平科技自立自强。"这一明确要求为新形势下南沙推进科技创新提供了有力指引。国务院印发的《广州南沙深化面向世界的粤港澳全面合作总体方案》提出，要"强化粤港澳科技联合创新"。创新是发展的第一动力，南沙作为广深港和广珠澳两条科技创新走廊的交汇点，要充分发挥港澳科技优势，汇聚全球创新要素，提高研发成果的产业转化效率，着力打造大湾区创新型产业新高地。

一、加快推进南沙与港澳科技联合创新的必要性

南沙是粤港澳合作发展的重大平台之一。推动南沙与港澳科技联合创新，进一步强化南沙和港澳之间的合作与协同，是南沙融入大湾区、融入国家发展大局的战略选择。

（一）应对世界科技创新变化的必然选择

当前，科学发展进入新的大科学时代，以新技术突破为基础的产业变革呈加速发展趋势，学科交叉融合加速，跨专业、跨领域研究不断深化，颠覆性技术创新持续涌现，正在形成多技术群跨界支撑、协同并进的链式变革。全球各主要经济体均在大力加强科技力量部署，聚焦关键领域，抢占竞争制高点。我国创新能力将进入从量的积累向质的飞跃、从点的突破向系统能力提升的新阶段，新型基础设施布局、"卡脖子"技术将加速攻坚。面对新一轮科技发展浪潮，南沙加快推进与港澳科技联合创新，这是应对科技进步与社会发展的必然选择。

（二）服务构建新发展格局的重要支撑

构建以国内大循环为主体、国内国际双循环相互促进的新发展格局，是以习近平同志为核心的党中央根据我国发展阶段、环境、条件变化作出的战略决策。后疫情时代绝大部分产业链、供应链还在修复和完善中，关键环节的国际竞争壁垒加剧，部分基础性、前瞻性核心技术受制于人的局

面尚未根本改变。科技创新是内外双循环体系的核心引擎，而香港科技基础较为雄厚，拥有5所全球百强大学、16所国家重点实验室、6个国家工程技术研究中心香港分中心，中国两院院士40余人。当前南沙要想生产、分配、流通、消费全过程实现自由顺畅循环流动，需要借助港澳科技力量来冲破技术和产业瓶颈，提升供给体系的创新力，打通堵点、补齐短板，进而实现产业链从低端向高端转化。

（三）构筑创新型产业新高地的关键引擎

当前南沙正处在扩展发展空间、塑造经济优势、转换增长动力的攻关期，过去支撑经济高增长的要素优势正在发生重大变化，重点领域关键环节改革任务仍然艰巨，经济在较长一段时期将面临高位下行的巨大压力。近年来，香港在电子工程、计算机科学、海洋科学、人工智能等方面处于全球领先水平，澳门在微电子领域中的科研成果丰厚。如何加速打通南沙与港澳科技协同发展通道，开展由点到面、由线到面多维度科技合作，充分借力香港、澳门发达的基础研究优势，并在激烈的城市竞争中保持产业发展竞争优势，成为南沙创新型产业高地建设的重要挑战。

二、当前南沙与港澳科技联合创新面临的困境

近年来，南沙与港澳科技创新合作取得实质性成果，但沟通协调机制尚未完善。南沙科技创新发展起步较晚，与港澳在科技创新合作上仍面临诸多堵点和难点。

（一）科学创新要素流动不畅，合作机制藩篱较多

由于粤港澳三地管理制度不同，大湾区人才、资金、专用设备等科技合作要素的跨境流通仍然存在许多障碍。

一是南沙与港澳三地科研人才往来不畅。科研创新人员因公出入境通关流程不够便利。虽然港澳科研人员到内地的流动便利性大幅提高，但内地科研人员去港澳手续比较复杂。此外，港澳科创人员到内地居住和长期

工作存在一些体制机制障碍，粤港澳人才认定标准和专业技术评价体系存在较大差异，使得港澳科研人员在南沙申报科研项目时，难以匹配和满足相应的硬性要求。

二是资金跨境使用尚未完全突破藩篱。目前，广州市级财政科研资金对港澳跨境拨付已经取得突破，但由于三地间财政科研经费管理制度差异大，科研资金跨境拨付和审批流程尚未全面对接，具体"过河"细则仍未出台。三地税制、会计规则以及凭证存在较大差异，使得资金使用后的总结评估开展较为缓慢。科研经费、创新投资基金、PE/VC等跨境资本流动管理不够灵活，尚未建立相互联通的信用体系，跨境金融开放速度慢、效率低、范围小，一定程度上阻碍了三地跨境联合科研活动的开展。

三是跨境科研物资流动仍不够便捷。科研创新进口货物享受税收优惠的减免对象、适用范围和条件有限，涉及三地间的实验样品和器械设备等过关需要经过严格的检验检疫手续，出入境审批流程烦琐冗长。在新冠疫情的影响下，科研物资流通数量及效率受到极大限制，通关往来时间成本迅速攀升，科研物资的时效性难以有效保障。

（二）研究平台承载力度有限，合作力度有待提升

大科学装置是支撑与辅助科学技术实现不断突破与创新的重要载体。长期以来，南沙高度重视科技创新平台的建设，新型研发机构数量持续增加。尽管如此，南沙在创新平台构建实施中依旧存在诸多短板。

一是科技创新平台承载力有待提升。南沙现有的很多重大科技创新平台仍处于起步建设阶段，大部分规模偏小，孵化器与产业状况对接不相适应，孵化功能不尽完善，未能打造出创业孵化品牌。公共平台未被充分利用，在支撑可持续发展的科研院所、中试基地、检验检测平台等建设方面均存在短板。南沙目前集聚14家省级新型研发机构，仅为黄埔（39家）的35.90%。高科技创新平台基础研发优势弱于港澳，平台合作共建项目偏少。

二是科技服务协同创新网络尚未形成。科技中介是加速要素流动和链接创新主体的纽带，南沙当前缺乏既了解港澳又了解内地的中介服务平台。南沙知识产权服务平台运行规则尚待协调，在运营交易对象、信息服

务等方面与港澳之间尚未有效衔接，这在一定程度上阻碍了南沙与港澳地区协同创新的进程。

三是科技创新平台开放共享程度不足。科技创新平台的主要功能之一是通过技术、设备、资源共建共享，提高科技资源使用效率，但目前南沙绝大多数科技创新平台尚未通过市场化运作方式实现各类创新资源的共享。尽管从国家到地方出台了一系列政策，鼓励创新平台向大湾区开放共享，但依托单位的共享积极性依然不高，企业主动开放共享高价值设备的意愿弱，各类科技创新平台开放共享协同创新的局面还没有形成。

（三）创新主体交流互动不强，合作项目相对缺乏

当前，南沙与港澳创新主体的联系偏弱、协作度偏低，科研到产业的"双向通道"尚未打通，对大湾区创新潜力的发挥造成一定影响。

一是高校科研机构支撑力度不足。高校科研机构是高水平创新人才培养的高地，是科技创新的主要源泉之一。虽然港科大（广州）作为首所合作办学机构已落户南沙，但是南沙顶尖的一流研究型高校相对不足，承接国家和省级基础研究重大项目能力偏弱，前瞻性、原创性、引领性成果较少，对产业、市场的支撑能力有所欠缺。目前，港澳与南沙部分科研机构的合作深度有待加深，在协同攻克前沿基础科学难题方面成效并不明显。

二是科技创新企业协同发展不够紧密。尽管南沙近年来涌现不少孵化较多重大科技成果的创新企业，但创新活力还没有充分释放，创新型领军企业规模不大，辐射带动作用尚未充分发挥。2021 年，高新技术企业数量（744 家）位于全市第二梯队，与黄埔（2 256 家）、天河（2 995 家）、番禺（1 686 家）有较大差距，甚至低于花都（788 家）。龙头科技企业相对偏少，部分企业缺乏协同创新意识，自主研发能力较弱，与港澳之间的合作互动不强。

三是产学研合作力度有待提升。《粤港澳大湾区发展规划纲要》提出，要"加强产学研深度融合""建立以企业为主体、市场为导向、产学研深度融合的技术创新体系"。产学研合作对于技术的创新、知识的掌握与传播乃至南沙创新型产业新高地的建设起着至关重要的作用。当前香港高校资源丰富，科技研究、教学水平处于国际领先水平。《QS 世界大学排

名（2022）》显示，QS 全球大学 2022 年排名前 50 中，内地共有 5 所大学上榜，而香港有 3 所，其世界级大学密集度超过北京（2 所）、上海（2 所）、浙江（1 所）。然而南沙大中小科技企业寻求港澳高校合作的动力不足，三地间基础研究、应用研究和产业化融通性尚显不足，港澳科技成果在南沙转化度偏低。

三、加快推进南沙与港澳科技联合创新的对策建议

南沙应坚持创新在现代化建设中的核心地位，以"融入新格局合作谱新篇"为着力点，在科技资源融通、技术平台共建、区域创新协同等领域进一步拓展与港澳合作发展空间，以科技创新发展一体化来有序推动建设"无边界"的大湾区，加速建成开放、融合、可持续的粤港澳大湾区创新型产业新高地。

（一）推动科创要素高水平互联互通，激发产业发展新动能

要充分发挥港澳科研力量在国际化程度上的优势，加强南沙与港澳在人才、跨境资金、科研物资等科技要素上的跨境互联，探索完善科技创新管理机制，提升创新要素自由流动的速率。

一是创新人才合作交流机制。充分发挥香港高校的科研实力和聚集专业领域内顶尖科研人才的能力优势，营造与港澳接轨的人才自由环境，率先在境外人才引进、出入境管理、科研资助、财税政策等方面加快推进改革创新制度，引进和培育基础领域创新人才。开通跨境人才专门通道，对符合条件的境内外高层次领军人才、科研骨干等科技人才提供更为便捷高效安全的通关服务，对南沙赴港澳参与科创合作的科研工作人员给予特殊签注。

二是打通港澳与内地市场的资金循环。明确南沙与港澳合作科研资金使用规定，探索建立符合港澳地区科研规律的绩效评价体系，对跨境资金使用情况进行合理的绩效监控和评价。推动更大力度放开科研资金流动、使用条件限制，放宽股权、基金投资资金的流通和往来，在限额内实行外汇自由结算，进而促进高新技术企业更好地利用香港成熟的资

本市场进行融资。

三是加速科研物资跨境流动。与港澳协同探索开展科研设备、医疗器械、耗材等跨境科研物资的自由流动，协同制定与研发用途有关的设备和样本样品的"试点清单"制度，重点围绕生物医药与健康、海洋经济等领域进一步简化科研物资等进出口手续。对从港澳进入南沙的研发设备、标本、样品、辅材等开辟通关"绿色通道"，实行备案管理，实现免检或一次检查快速通关，并加强真实用途跟踪督查，确保跨境流动风险可控。

（二）搭建高能级创新合作交流平台，提升产业发展支撑力

统筹布局先进制造业空间和科技创新空间，布局建设一批重大科技基础设施、基础学科研究中心和交叉研究平台，为产业发展注入创新活力。

一是协同推进国际一流高等院校和科研机构建设。借力港澳著名高校全球网络、海内外校友资源，与港澳两地的创新载体和龙头企业建立协同创新平台。瞄准量子信息、人工智能等科技前沿领域，紧扣国家重大战略需求，推进南沙与香港的高校、科研机构的创新主体联合开展若干重大项目攻关。协同引进海外创新资源，吸引港澳知名高校、国家级科研机构、世界 500 强跨国公司在南沙设立高水平、多功能、开放性、合作型研发机构，加快与中科院、香港科技大学共建南方海洋科学与工程广东省实验室（广州），协同推进新一代信息技术、新能源汽车等新兴领域前沿基础研究。

二是推动实现科技基础设施共享。鼓励大湾区高校、重要科研机构及企业平台开放共享、信息互通，共同使用相关大型科研仪器及设备等科技资源，实现资源高效利用和价值共享，形成跨领域、大协作科学研究合力。引导科技领军企业共同打造产业开放式创新应用发展联盟，通过联盟的持续运行积累创新载体、研发成果和技术转移等海量信息，形成数据库，实现创新资源共享共用，突破一批具有战略意义的关键共性技术，催生一批领跑国际的重大标志性成果。

三是共同推进科技创新平台提质增效。进一步加强科技创新平台建设与运行管理，重点加强应用基础研究向产业化转移和与下游业界的对接，推进科研创新与产业需求双向链接、融通对接，深度解决科技创新信息不

对称、科技成果转化应用效率低的问题。探索适合粤港澳特点的科技合作模式，推进港澳和南沙创新链、产业链、供应链、资金链、人才链高效衔接、共建共联，合作推动科技要素向产业链群集聚，塑造国际合作和竞争新优势，实现科技空间资源集约利用与产业经济效益双提升。

（三）主动融入全球科技创新网络，实现科技与产业融合互促

准确把握新的产业变革特征和科技创新大势，以加强合作交流为抓手，将产业发展基点进一步聚焦到科研创新上，加快构建现代产业创新体系。

一是建立粤港澳科技产业合作常规对接机制。进一步优化完善大湾区科技创新中心专责小组职责功能，定期或不定期循环举办粤港澳科技产业创新合作对接洽谈会，充分发挥香港科技创新领域"超级联系人"的功能，将南沙产业优势和发展需求与港澳乃至国际优质科技资源供给相结合，推进南沙与港澳科技、产业资源信息共享、互通交流、共谋合作、共享机遇。共同打造国内国际双循环联结点，不断提高南沙和港澳科技产业合作的深度与广度，形成全方位、宽领域、高水平的交流合作格局。

二是引进和建设一批国际化、专业化的技术转移服务机构。充分利用港科大（广州）、香港科学园南沙孵化基地等科研资源，高水平谋划以粤港澳大湾区为依托、面向世界、功能齐全、线上线下联动、横向纵向联通、衔接国内外的科技成果转移转化和技术交易重要平台，支持香港应用研究院技术向南沙转移，联合开发项目。协同推进高标准技术交易市场建设，依托香港在研发服务、科技咨询、知识产权等方面的优势，重点围绕国际检验检测认证、知识产权服务、创业孵化、技术交易等服务创新领域，协同营造互动频繁、联系紧密、运作高效的跨境科技成果转移转化生态系统。

三是协同推动创新科技成果转化。应发挥港澳基础科学研发能力优势，推动南沙与港澳高校、科研机构及科技创新上下游企业合作，畅通创新能力对接转化渠道，以科技合作为支点，共建"政产学研用"协同创新平台，着力打通高校院所体系、产业市场体系、资本体系、政府服务体系等之间的梗塞，推进人才、资本、信息、技术等高端要素在区内融通发

展、聚变融合、裂变创新。把握新科学研究范式变革窗口期，有效破解高校院所与企业之间成果供需的体制机制堵点，支持企业主动承接和转化港澳高校院所、医疗机构优质的科技成果，加速港澳科技成果在南沙验证、熟化，并使其成功转化和产业化，着力打通南沙与港澳"基础研究＋技术攻关＋成果产业化＋科技金融"全过程创新生态链。

探索金融与科技、产业融合新模式
助推南沙强化粤港澳科技联合创新

暨南大学中国（广东）自由贸易试验区研究院课题组

图 2-6　南沙越秀国际金融中心

国务院发布的《南沙方案》明确对南沙提出了要推动金融与科技、产业深度融合，探索创新科技金融服务新业务新模式，为在南沙的港澳科研机构和创新载体提供更多资金支持的任务要求。南沙亟须科学把握金融发展、科技创新、产业升级的客观规律，探索金融与科技、产业融合新模式，实现金融要素、科技资源和产业需求的有效对接。

一、南沙金融与科技、产业融合发展的现状

近年来，南沙坚持创新驱动原则，在金融与科技、产业融合发展领域持续发力，取得了一定成效。

（一）优化政策体系，加大扶持力度

2020年2月修订的《关于优化提升广州南沙新区（自贸片区）促进金融服务业发展扶持办法》新增金融科技专项奖励，对符合条件的金融科技企业、金融科技创新项目、金融科技企业骨干和高管人才等给予奖励扶持。2022年8月印发的《广州南沙新区支持科技创新的十条措施》提出，设立规模20亿元的创业投资引导基金和科技型中小企业信贷风险补偿资金池，对股权投资企业投资南沙区种子期、初创期科技企业给予累计最高1 000万元的奖励。南沙通过多项资金政策支持，不断优化金融科技产业融合发展环境。

（二）推动改革创新，获批多项金融科技试点

碧江供应链金融（广州）有限公司被纳入广东省第一批供应链金融"监管沙盒"试点，开发应收账款融资平台——筑链通平台，基于核心企业信用搭建多层级供应商的融资服务平台。南沙4家金融科技企业分别入选人民银行广州分行第一、第二批广州市金融科技创新监管试点应用项目，占全市（9个项目）的44%。7个项目入选广州市首届金羊"点数成金"数字金融创新案例（占全市47%），5个项目入选首批广州市绿色金融改革创新案例（占全市44%）。

（三）全方位发力，初步形成金融科技产业生态圈

一是国家级行业研究机构落地。国家金融与发展实验室广州基地金融科技研究中心落地南沙，将开展粤港澳三地金融科技政策研究，为推动三地产品和业务创新及互联互通提供基础研究与交流平台。二是"国际型全生态链金融＋产业创新中心"挂牌启动。与全球科技创新中心 Plug and Play 联合探索打造金融科技创新孵化、加速、辅导平台，对接具有核心技术、核心场景应用的金融科技企业，集聚人才、项目、资本等要素资源，助力金融科技企业链接大型金融机构对接需求。三是交流合作与经验分享机制形成。依托国际金融论坛（IFF）、中国风险投资论坛、新财富论坛等国际性或全国性平台的行业、品牌影响力，常态化设立举办高端分论坛、主题沙龙、品牌活动，吸引和撬动全球优质项目、人才、资本等要素资源导入，聚焦金融科技产品及服务创新展开高水平的思想碰撞与观点交流。四是金融科技专业园区加快建设。南沙正立足区位优势，加快建设明珠金融创新服务集聚区，引进了一批优质金融科技企业。

二、推动南沙金融与科技、产业融合发展的制约因素

目前，南沙不断施策推进金融与科技、产业融合发展，取得一定进展。但总体而言，南沙仍存在各部门联动尚需加强，缺乏完善的金融科技中介服务体系，融合创新程度有待进一步提升等诸多制约金融与科技、产业融合发展的因素。

（一）各部门协同联动有待加强，难以实现信息共享

金融与科技、产业融合发展是系统工程，既需要上下联动各级政府，又需要协同金融、科技、发展改革、证券监管等部门，同时也离不开政府、金融机构、担保公司、研发机构、科技企业、投资公司等主体的共同参与。但目前各级政府、政府各部门、各主体之间的联动协同机制并不健全，政府的优势和资源尚未充分挖掘与利用。因为职责权限不同，有关领域的工作分散在不同的政府部门，政府各部门虽然可以在监管过程中积累

丰富的信息资源和数据，但难以实现共享，没有统筹建立信息库，各自为政，这容易出现重复建设和资源浪费的现象，也不利于全流程融资服务体系的形成。

（二）缺乏完善的金融科技中介服务体系

目前，担保机构分为政策性担保机构和民营担保机构，政策性担保机构占据大部分，民营担保机构占比极少。政策性担保机构具有政策导向性，信贷资金配置常受政府干预，影响担保实效。民营担保机构往往规模较小、数量较少且财力有限，无法满足中小微企业的融资需求。由于没有权威机构科学合理地评估知识产权价值，银行难以开展纯粹的知识产权质押贷款，这加大了中小微科技企业贷款的难度。

（三）金融与科技、产业融合创新程度有待进一步提升

目前，南沙金融与科技、产业融合还不够紧密，主要表现在以下几个方面：一是科技投入的主要部分源于财政投资，投资主体较为单一，且财政投资资金散落于各个政府部门，统筹面临较大困难，以致很多扶持政策无法落实。二是支持金融与科技、产业融合的渠道较为单一。资本市场直接融资、产业基金、私募基金、民间金融利用不足，财富管理等新业态还在发育初期，创业投资发展与产业发展水平不匹配。目前，各类股权投资、风险投资基金依旧缺乏，科技企业融资面临困境。

三、推动南沙金融与科技、产业融合发展的对策建议

南沙要深入贯彻落实《南沙方案》相关任务要求，坚持问题导向，建议从以下几个方面发力，不断探索金融与科技、产业融合发展的新模式。

（一）完善信息联通共享机制、协调配合机制，促进"三融合"有效对接

一是完善信息联通共享机制。借助政府部门的行政资源，加强对辖区内高新技术产业及产业信息的收集和处理，提高银企间信息的对称性。另外，依托高校和科研机构的研究力量，建立企业法人数据库，搭建共建共享的数据平台。在数据库中录入银行等金融机构的信息以及中介组织的信息，由企业填报融资需求信息，通过数据抓取，将企业需求和金融机构服务进行智能匹配，提高投融资成功率。各方通过建立的平台了解融资供需信息，也可以有效减少信息不对称现象，解决"信息孤岛"问题，使各方面信息互联互通、资源共享，从而促进金融与科技、产业有效对接。

二是搭建协调配合机制。一方面是加强政府相关部门与金融监管部门及银行之间的协调配合。研究出台配套的引导和支持政策，有力推动三者融合。另一方面是完善相关机构在市场化运作层面的协调，如金融机构与企业、金融机构之间，尤其是银行与股权投资机构、风投之间的协调。

（二）搭建金融科技产业融合公共平台，提高"三融合"保障与支撑

一是加快企业技术创新平台建设。扩大产业集群，做实科技成果转化孵化、基础研究机构、产业技术应用研究等载体。鼓励合作研发一批行业关键共性技术，联合培养人才，共享科研成果。具体而言，其一，推动开展"产学研＋协会"模式，支持重点骨干企业与高等院校、科研机构、行业协会联合共建产业创新平台，打造基础科研机构群。其二，推动行业龙头企业联合科技创新平台共建产学研创新联盟，创建大型科研仪器设备共享服务平台以及科研技术成果项目信息发布平台，加强共性应用技术攻关突破。其三，争取广州支持南沙加快重点产业载体建设，并利用南沙产业特点与资源优势，完善科技孵化载体和创业投资扶持体系，打造"三融合"重要载体和示范区。

二是建设和完善"一站式"金融科技产业服务平台。成立金融科技产业综合服务中心，组建专业化的服务团队，整合企业资信管理、投融资对

接、创业路演、分析预警、培训教育等多项功能，整合综合服务资源，提高综合服务能力，为企业提供多元化、全方位的服务，打造促进金融科技产业信息交流、对接的平台。实地调研企业融资需求，协助企业制订现金流解决方案，组织企业参与各类契合的融资洽谈，提升服务的精准度和有效性。

三是组建促进融合的投融资主体，打造促进融合的交易平台。鼓励支持成立金融投资控股公司，并以此为平台，设立消费金融公司、融资租赁公司等系列专门服务科技型中小企业的金融机构，通过风险补偿、科技信贷及天使投资等多种形式，引导社会资本注入科技创新领域。进一步加强知识产权投融资支撑体系建设，并探索建立覆盖全市的知识产权评估、质押和融资抵押的创新平台。

（三）以多层次资本市场建设为突破口，加快金融与科技、产业的深度融合

一是以加大多层次资本市场建设为突破口，强化对科技型企业的支持力度。支持和引导满足条件的科技型企业在主板、新三板、创业板、中小板等市场和境外资本市场上市，依托资本市场开展中小企业私募债发行，扩大中小企业私募债券市场和其他融资形式的规模。争取非上市股份公司代办股份转让系统试点，满足不同发展阶段以及不同类型科技企业的融资需求。

二是大力发展创业投资。充分发挥南沙创业投资引导基金和科技型中小企业信贷风险补偿资金池作用，努力形成以政府资本为引导、社会资本为主体的多元化格局。其一，设立科技成果转化引导基金。通过设立引导基金等市场化手段，形成"政府投入—聚集民资—增加信贷投入资金"的良性循环格局，充分发挥南沙科金控股集团作为区属国企的桥梁纽带作用，激发中小企业创新活力，促进企业提升自主创新的主体地位。其二，壮大科技产业基金。产业投资基金是推进金融与科技、产业融合发展的重要金融工具，通过财政支持设立一批科技产业基金来解决市场对企业创新链前端支持的"缺位"与"失灵"问题。基金可通过招投标的方式，委托专业的创业投资机构或基金公司运作。同时，鼓励有关经济主体与知名风投公司对接合作，大力推动行业性产业基金的发展。

构建现代化产业体系

加快发展南沙低空经济
塑造战略性新兴产业新动能

吴瑞坚

图 3-1　广东空天科技研究院 N-4 总装总测厂房

近年来，国家持续推进空域管理改革，明确提出发展低空经济，相关产业迎来发展机遇期。目前，我国低空经济整体处于起步阶段，其中北京、上海、深圳和珠海处于相对领先地位。南沙应把握政策窗口期和大湾区战略双重机遇，充分发挥区位和政策优势，争取系统谋划低空空域管理改革试点，出台专项支撑政策，探索先行搭建"空地组网"低空飞行管理模式，构建低空经济产业链，打造空中"半小时交通圈"，培育战略性新兴产业新动能。

一、低空经济内涵与价值

低空经济由制造产业、飞行产业、保障产业、综合服务产业四方面组成。其中，飞行产业是核心部分，细分为生产作业类、公共服务类、航空消费类等产业，被认为是人类高速交通运输的"第四次革命"，具有较高的价值和意义。一是创造经济新增长点。实现从"平面经济"向"立体经济"转变，即直接开拓新交通运输市场需求，形成新产业链条和推动经济结构更加多元化。国际经验表明，通用航空产业投入产出比可达 1∶10、就业带动比可达 1∶12，预计"十四五"末对国民经济综合贡献值将达到 3 万亿元至 5 万亿元。二是促进区域一体化发展。目前，大湾区"半小时交通圈"最长距离为广州地铁 18 号线首通段，直线距离约 53 千米，而直升机飞行则可将上限大幅延长至 120 千米。以南沙为原点，该距离半径可完整覆盖整个大湾区。三是强化重大风险处理能力。低空飞行在应急救援、医疗救护、警务安防、政务执法等社会领域创新治理范式，大幅增强了政府提供社会服务和应急的能力。

二、我国低空经济发展情况

（一）我国整体发展情况

2022 年，我国通用航空共完成飞行 121.9 万小时，同比增长 3.5%，其中经营性飞行约占 63%。从区域发展看，华东、中南、华北是我国低空经济比较具有市场活力的地区，市场主体数量依次排列前三，华东是我国低空经济集聚程度最高的地区，华南最低。2020 年年底，我国共有航空产业园 90 个，同比持平，其中 30 个分布在华东（33%），接下来是华北 18 个（20%）和西北 14 个（16%），华南仅有 4 个（4%），分别是航天科技（惠州）工业园、穗联通用航空产业园（广州番禺）、泰格尔航空工业园（深圳南山）、珠海航空产业园。从产业发展看，我国低空经济整体发展起步晚、基础薄弱，与美国、加拿大、法国、巴西等主要市场存在明显差距。航空器数量规模少，截至 2022 年年底，我国共有通用航空在册航空器 3 186 架（含教学训练用飞机 1 077 架），而美国则达到 24 万架；自主化率不足，大部分通航飞机为整机进口或国内组装的国外品牌飞机，国产通航飞机超一半集成电路和发动机以及近一半制造母机依靠国外供应；配套服务和制度不完善，航空器维护和通航机场管理产业化程度低，航空租赁等金融服务专业化水平弱；政策工具不平衡，产业政策未能兼顾价值链全过程，尤其缺少需求面工具，存在企业依靠政策资助存活的情况。

（二）先进地区发展情况

北京：加强与周边区域联动，打造北方通航总部基地。北京共有 12 个通用机场和 5 个航空产业园，覆盖通用航空产业链各个环节，正在打造北方通用航空总部基地。2021 年，北京提出，推进大兴机场公务机项目建成投运，支持首都机场建设行业领先的公务机基地，鼓励外商投资通用航空领域并开展急救转运服务。

上海：强化公共航空带动作用，建设华东无人机空港。上海共有 9 个通用机场和 1 个航空产业园（上海青浦民用航空产业园），推进建设临港新片区大飞机产业园和大飞机创新谷两大航空产业园，依托虹桥临空经济示范区探索通用航空器低空空域飞行试点，在金山区推进"一基地两机场"无人机空港布局，建设民航无人驾驶航空综合试验示范区，打造长三角地区低空智能物流枢纽中心和综合性航空器检测维修服务中心。

深圳：大力发展航空服务业，建设通用航空先行示范区。深圳共有 17 个通用机场和 70 余个起降点，是国内首批发展低空经济的城市之一。2020 年，深圳与民航中南地区管理局建立国内首例通用航空发展协调机制，开始着手打造中国通用航空先行示范区。2022 年，《深圳市低空经济产业创

新发展实施方案 （2022—2025 年）》出台；2023 年 11 月，国家发展改革委等七部委再次推广深圳综合改革试点创新举措和典型经验。

珠海：发挥龙头牵引效能，建设"环制造"产业生态。珠海共有 4 个通用机场，拥有全国投资规模最大的航空产业园——珠海航空产业园（总投资 1 300 亿元），是全国首批低空开放试点城市之一，挂牌成立全国首个通用航空飞行服务站。

三、低空经济发展前景

（一）国家逐步放开低空空域并支持行业发展

"低空经济"这一名词首次出现在国家发布文件中，国务院《国家综合立体交通网规划纲要》提出发展低空经济，推进交通与装备制造等相关产业融合发展以及城市群内部交通运输一体化发展；"十四五"规划提出，要稳步建设支线机场、通用机场和货运机场，积极发展通用航空；2023 年 12 月 11 日至 12 日召开的中央经济工作会议提出，要加快发展低空经济等战略性新兴产业，低空经济发展迎来新风口。

（二）低空经济发展市场和消费条件已具备

根据通用航空产业发展国际经验，人均地区生产总值达到 8 千美元时，商务及个人飞行业务将占通用航空市场 60% 以上。2021 年，广东人均地区生产总值折合约 1.5 万美元，核心区域大湾区 9 市可支撑通用航空产业实现规模化发展。

（三）大湾区未来存在大量快速联通刚性需求

传统地面交通无法突破固有效率限制。广深两地市中心之间车程至少一个半小时，但直升机飞行仅需 25 分钟，实现时间成本质变。随着大湾区开放融通深入，未来将产生更多跨市高速流动需求。

四、南沙发展低空经济政策建议

（一）争取国家层面赋予空域管理改革试点

2022 年，深圳已获批国家放宽航空领域准入限制、深化粤港澳大湾区低空空域管理试点，进一步增强低空经济发展先发优势。南沙应利用实施《南沙方案》的有利时机，积极争取国家级空域管理改革试点，探索在南沙先行搭建"空地组网"低空飞行管理模式，为解决大湾区"上天难"问题提供实践经验。

（二）出台低空经济产业专项发展政策

谋划南沙低空经济产业构成和发展路径，制定覆盖无人机、通航飞机相关新兴业态的规则标准和全过程监管机制，研究低空经济统计指标体系。出台通用航空运营扶持政策，推动相关产业纳入《南沙方案》企业所得税优惠产业目录范围；出台科研扶持政策，打造以市场为导向的研发转化生态，以发展通用航空为契机、探索与广州活力创新轴"北极点"建立实质性合作项目和联动机制。

（三）规划建设低空经济产业园

借鉴上海模式吸引广州空港经济区现代航空服务功能性机构延伸，打造区域性飞行服务站，建设华南地区通用航空运营要素共享及交易平台，打造区域性通用航空产业资源的集聚高地和流通中心。目前，南沙已率先完成首个宽禁带半导体全产业链布局（指向新能源汽车），应围绕芯片制造拓展指向通用航空的宽禁带半导体全产业链，拓展布局面向下一代混动、电动通航飞机的航电系统开发及对应元器件制造产业，形成与深圳无人机产业、珠海燃油通航飞机总装产业的错位竞争和协同空间。

（四）发展通用航空消费市场

构建跨境"空中的士"城市通勤网络，完善南沙区内通用机场和直升机起降点布局，构建连通南沙与大湾区枢纽机场和支线机场的航空转接通道。构建轻型运输网络，发展紧急货物和高附加值货物快速直达服务。推动组建大湾区应急救援航空联盟，在南沙共建大湾区应急救援服务资源保障数据平台，并将其发展为大湾区应急救援中枢基地。探索观光飞行对接邮轮产业，强化南沙与香港等区外邮轮母港联系，建设"邮轮＋飞行"特色娱乐展览文化中心，打造大湾区国家级航空飞行营地。

参考文献

2022 年民航行业发展统计公报［R］. 中国民用航空局，2023.

汽车"反向合资"发展模式
对广州汽车产业的启示

张治峰　崔正星

图 3-2 "南沙氢跑"公共出行服务项目

近期，大众汽车集团入股小鹏汽车，将基于小鹏纯电平台合作开发纯电车型，以提升包括车机系统、智能驾驶在内的汽车智能化水平。长期以来，我国本土汽车与外资车企成立合资企业，用市场、资金换取技术。随着大众与小鹏合作，一股"反向合资"浪潮被掀起，本土车企从技术输入方转变为技术输出方。广州可抢抓契机，依托广汽、小鹏等自主品牌车企智能化技术优势，加强智慧车载软硬件产业布局，深化与欧美系车企合作，助推合资品牌电动化转型，加快推动广州汽车产业转型升级。

一、汽车"反向合资"发展模式

（一）汽车合资发展模式的演变

1984 年，第一家中外合资车企——北京吉普正式营业，开创了中国汽车对外开放合作的先河。到 2009 年，销量占比 70% 的合资车企助力中国成为全球第一大汽车销售市场，销量高达 1 364.5 万辆。外资车企进入我国汽车市场，形成了独具特色的汽车合资发展模式，即由中方与国外投资方共同成立合资车企，外方提供技术、人才、品牌等，中方负责工厂运营、组装以及在国内销售。外资车企将国外先进的生产、营销、售后及一整套产业体系带到了我国，推动我国形成成熟的现代汽车工业体系。

经过数十年发展，中国汽车市场正在被深度重构，迎来百年未有之大变局，自主品牌车企在激烈的市场竞争中锻造出强大韧劲和内生发展动力，2023 年上半年首次实现半年度市场份额超 50%，达 53.1%，传统合资车企则日渐式微。据多家媒体报道，上汽大众位于安亭的三座整车厂正在进行产线调整，其中第一工厂现已永久关停，第二工厂将两个生产轮班合并为一班，部分员工将分流至其他工厂。曾在 2015—2018 年连续 4 年斩获销冠称号的合资霸主——上汽大众，销量成绩自 2019 年开始一跌再跌，到 2023 年上半年累计销量 50.3 万辆，同比下滑 12.42%。此外，巅峰销量曾达到 14.4 万辆的广汽三菱，最为畅销的欧蓝德 2023 年第一季度订单仅为三位数，到 6 月更是直接进入临时停产阶段，并进行大规模人员结构优化，一度传言其即将退出国内市场。

与此同时，一股"反向合资"的浪潮袭来，即本土车企与外资车企达成合作协议，由外资车企提供资金、供应链、营销渠道等资源换取本土车企的技术支持（具体合作形式详见表 3-1）。如，近期大众汽车与小鹏汽车达成技术框架协议，大众汽车将向小鹏汽车以每 ADS（美国存托股份）15 美元、总计约 7 亿美元的价格收购小鹏汽车约 4.99% 的股权。引入小鹏合作的主要目的是提升大众车型智能化水平，包含车机系统和智能驾驶两个方面，到 2026 年将合作开发两款搭载小鹏 XPILOT 软件的新型纯电车型。小鹏则依托自身智能网联技术，拓展为大众汽车的技术供应商。更早一些，丰田和比亚迪合作推出的纯电车型 bZ3 配备了比亚迪刀片电池和驱动电机[1]，月销稳定在 3 000 辆左右，远超纯日系血统的 bZ4X 车型[2]。此外，奥迪汽车与上汽集团签署谅解备忘录，合作开发纯电车型[3]；丰田中国、广汽丰田、小马智行三方签署协议组建合资公司推动自动驾驶与汽车产业融合发展。获得国内车企技术支持，已成为国外车企保留国内市场份额为数不多的途径。

表 3-1 "反向合资"合作形式

序号	合作方式	代表企业
1	自主品牌向外资车企提供核心零部件	丰田合作比亚迪
2	外资车企基于自有平台合作开发搭载自主品牌智能化系统的车型	大众合作小鹏
3	自主品牌向外资车企授权开放平台，共同研发车型及核心部件	奥迪合作上汽 奔驰合作吉利

[1] 采用比亚迪旗下弗迪动力所提供的电机，两种版本车型的最大功率分别为 180 kW 和 135 kW，最大的峰值扭矩均为 303 N·m。弗迪动力所提供的刀片电池，分为 49.92 kW·h 和 65.28 kW·h 两个版本。

[2] 由丰田和斯巴鲁联合研发的 bZ4X，其电源管理、发电机、电驱动等大部分核心元器件都由电装提供，月销不足 1 000 辆。

[3] 多家媒体报道，奥迪将购买上汽旗下智己电动车平台授权开发纯电车型。智己电动车平台的突出优势在于"深度智能 + 先进智驾 + 高端架构（电气 & 底盘）"，这也是奥迪选择上汽合作的主要原因。

（二）转变原因

国内汽车市场中资车企与外资车企攻守易形，主要有以下几个原因：一是我国 2012 年发布节能与新能源汽车产业发展规划后，坚持电动化战略取向，自主品牌车企技术水平显著提升，动力电池应用技术全球领先[①]，驱动电机技术与国外持平[②]，在自动驾驶、车路协同、网联应用上具有领先优势，市场竞争力大幅增强。2022 年国内市场销售占比高达 79.9%，全球新能源乘用车企业销量前十中，自主品牌增加至 6 家，而外资车企衔接国家新能源汽车战略力度不足，电动化转型偏慢。二是国内汽车市场竞争激烈促使外资车企不得不寻求本土车企技术支持。在国内新能源汽车竞争最为激烈的时候，我国新能源车企一度超过 455 家，而至今生产线仍保持正常运转的新能源车企仅剩 40 多家。自 2023 年以来，特斯拉 Model 3 和 Model Y 的多次价格下探直接影响了 20 多万元价格区间车型（小鹏、问界、比亚迪、极氪等），使其相继跟进降价，直接压缩了大众、福特、丰田、本田等外资车企中低端车型生存空间。三是国内互联网产业持续赋能汽车智能化、网联化发展。全球入选世界 500 强的互联网公司中，中美各占一半，我国在物联网、人工智能、云计算、大数据等互联网技术的发展日新月异，网联化和智能化技术持续突破创新，软件产品在智能座舱、环境感知、车路协同等领域重新定义汽车。汽车产业链价值也逐渐向软件生态服务倾斜，通过硬件预埋、OTA 升级等方式为消费者持续提供个性化安全高效出行服务，成为产业发展趋势。"蔚小理"（蔚来、小鹏、理想）等自主品牌新势力将新能源与智能化深度绑定，直接对传统燃油车造成"双重打击"。而欧洲、日本两大汽车工业都极其缺乏互联网产业支撑，传统燃油车智能化、网联化便难以快速推进。

---

① 量产锂离子动力电池单体能量密度达到 300 W·h/kg、价格降至 1.0 元 / 瓦时，处于国际领先水平。

② 电机峰值功率密度接近 5 kW/kg，最高转速达到 16 000 r/min，电控功率密度达到 35 kW/L，与国际先进水平同步。

二、汽车"反向合资"发展模式给广州汽车产业发展带来的机遇和挑战

近年来，广州抢抓汽车产业变革机遇，打造了传祺、埃安、小鹏等自主品牌，形成了由 11 家整车企业、1 200 多家零部件和贸易企业构成的汽车产业体系，实现了产值、税收"双第一"。广州汽车自主品牌发展强劲，为"反向合资"发展提供了坚实基础。除了小鹏汽车以外，广汽集团抢抓汽车产业电动化变革机遇，凭借"0–1"的自研能力和敏锐的市场嗅觉成功打造自主品牌"双子星"——传祺、埃安。其中，埃安 2022 年产销超 27 万辆，同比增长 126%，AION S、AION Y 两款车型在细分市场夺下冠军，同时自研包括智能网联领域的星灵电子电气架构、普赛操作系统和广汽魔方场景共创平台等，以及新能源三电领域的超级快充电池技术、长续航的海绵硅负极片电池技术、主要解决电池安全问题的弹匣电池系统安全技术等，这些处于行业领先水平的新能源汽车三电技术是全面深化与外资车企合作的有力筹码。

但广州自主品牌车企"反向合资"发展也存在一定障碍。一是与以日系品牌为主体的外资车企全面深化合作难度较大。广州传统燃油车企、日系品牌车企占比较多。2021 年三大日系车企产量达 259.54 万辆，占全市 87.6%，产值达 3 677 亿元，占全市整车产值 81.1%。全球范围来看，三大日系车企全球销量均有上涨，对于电动化转型的需求并不急迫，即对"反向合资"发展模式并不热衷。以丰田汽车为例，2023 财年第一季度（4—6 月）营业利润同比增加 93.7%，至 1.120 9 万亿日元，全球累计销售新车 493.8 万辆，中国市场占比仅为 17.8%。相比之下，大众集团中国汽车市场占比 33.2%，纯电动汽车交付量同比增长 48%，带动全球销量同比增长 12.8%；宝马集团中国汽车市场占比 32.3%，纯电动汽车交付量同比增长近 3 倍，带动营收同比增长 12.4%。因此，以大众、宝马为代表的德系车企也是"反向合资"发展的主力军。二是自动驾驶技术市场溢价不足。小鹏自动驾驶技术在车企中处于领先地位，但始终处于 L2+ 水平，对于销售端并未有太大加成，增配高级辅助驾驶软硬件反而压缩了利润空间。此外，广州拥有小马智行、文远知行等自动驾驶技术企业，但自动驾驶还存在技术、法律瓶颈，在快速 / 高速路测试、自动驾驶立法上还落后于上海、深

圳等先进地区，自动驾驶大规模商业化还有很长的路要走，广州在自动驾驶领域的技术沉淀还未有效转化为经济效益。三是广州自主品牌汽车还存在不少技术短板。"反向合资"发展模式关键在于自主品牌汽车能够提供外资车企急需的三电技术、智能网联技术等，但如埃安ADiGO系统距离特斯拉辅助驾驶系统NOA、小鹏NGP还有一定差距，智能化水平还有待提升。

三、有关建议

（一）稳固汽车智能化技术优势，加强智慧车载软硬件产业布局

一是推动龙头车企组建创新联合体，提升汽车智能化技术水平。保持国际领先的智能网联技术是汽车"反向合资"模式发展的基础，必须持续稳固汽车智能化技术优势。广州可借鉴重庆推动赛力斯与华为合作，打造高端纯电汽车品牌——AITO问界的做法。建议广州争取广东省支持，统筹省内科创资源，支持广汽、小鹏等整车企业与腾讯、小马智行等企业组建创新联合体，重点聚焦智能座舱、车机系统、智慧车载系统等领域，着力破解制约企业发展的关键共性技术，提升广州汽车智能化水平。二是加强智能座舱产业布局。新能源汽车和传统燃油车的竞争具有长期性，电动化未必是汽车发展的终点，但智能化是新能源汽车和传统燃油车发展的共同趋势。随着我国新能源汽车产业崛起，汽车智能化领域势必会出现国际供应链龙头企业，而智能座舱作为汽车智能化的重要载体，是广州市乃至广东省培育国际核心零部件供应商的新方向、新抓手。建议争取广东省支持，围绕广汽集团、小鹏汽车系统布局智能座舱产业，推动车规级芯片、PCB、激光雷达、车载显示面板等重大产业链落地广州，打造以广州为核心的智能座舱产业基地。

（二）深化与欧美系车企合作，加快提升汽车品牌形象

一是积极深化与欧美系车企合作以优化品牌结构。日系车企发展稳健、生产工艺精良，对广州汽车产业发展贡献巨大，但汽车新能源浪潮中

电动化、智能化转型缓慢，深度合作意识不强，国内市场依赖性不高。建议充分利用外资车企大规模深化我国自主品牌合作契机，依托埃安、小鹏等自主品牌车企技术优势，吸引欧美系车企合作，将合作开发车型产线导入广州本土，优化以日系车企为主体的品牌结构。二是借助外资车企国际化背景加快全球汽车产业布局。近年来，比亚迪、上汽、东风、一汽、长城等中国车企纷纷进军国际市场，使我国2022年汽车出口达到311.1万辆，同比增长54.4%，有效拉动行业整体增长。而广州车企出口量占比远低于国内市场份额，如广汽集团2022年仅出口了3.3万辆汽车。建议借鉴吉利与雷诺成立合资公司深化全球布局的做法，推动广汽集团、小鹏汽车等深化外资车企全球合作，共建境外售后和供应链体系，加快广州本土车企全球化布局，提升出口对广州汽车产业的拉动作用。三是推动外资高端品牌车企与自有品牌车企合作。埃安、传祺近年来不断突破销量新高，但主力车型都偏向中低端，一方面拉低了品牌形象，另一方面加大了业务亏损，即便是小鹏汽车在"蔚小理"新势力中也偏向于中低端，广州汽车品牌形象提升迫在眉睫。建议借鉴上汽集团通过强化与奥迪合作来提升智己汽车品牌影响力的经验，推动外资高端品牌车企与昊铂等高端智能纯电动汽车品牌深化合作，共同开发高端品牌车型，破解广汽埃安、小鹏汽车品牌转型难题。

（三）助推合资品牌电动化转型，提升汽车市场占有率

一是依托广汽集团助推合资品牌电动化转型。广汽集团下属合资品牌汽车以传统燃油车生产销售为主，近年来备受新能源车企冲击，广汽讴歌、广汽菲克相继退市，广汽丰田、广汽本田、东风日产等也相继承压。广州可结合合资品牌的品控优势和广汽集团的电动化优势，推动合资车企与广汽集团在整车转型升级、零部件强链延链、能源生态赋能等领域深度合作，推出一两款紧扣市场需求、具有竞争力的爆款车型，提升合资车企新能源市场竞争力。二是利用合资车企产能优势提升市场占有率。埃安2023年的产销量目标为50万辆，要争取在2025年做到100万辆年销量。当前广汽埃安全新建设的第一工厂和第二工厂标准年产能为40万辆，以埃安翻倍式的销量增长速度，现有两座工厂将无法满足埃安2025年的发展

规划。同时，新能源汽车市场已进入洗牌阶段，市场资源逐步向头部车企集聚，进一步提升市场占有率对于埃安而言迫在眉睫。而当前广汽丰田、广汽本田、东风日产等合资车企产能利用率严重不足，建议充分利用广汽丰田等制造工厂精益化生产优势，合作研发制造具有广汽品牌的新能源车型，提升广汽新能源汽车市场占有率。

大力发展固态合金储氢产业
建设大湾区氢能分拨枢纽

李 进 俞丹丹 谢志斐

图 3-3 南沙"小虎岛电氢智慧能源站"

氢能被国际社会誉为 21 世纪最具发展潜力的清洁能源，但储运环节效率和成本的短板一直制约其实现应有价值。国家级示范项目"小虎岛电氢智慧能源站"创新地提出固态合金储氢解决方案，以翻倍的体积储存量、更低的建设运维成本和安全风险，实现氢气储运方式的迭代革新，为推动氢能产业全面发展、推进新型能源结构建设打下坚实基础。作为粤港澳大湾区三大战略平台之一，南沙拥有科技创新、制度创新、财税政策等叠加优势，是培育固态合金储氢这一新兴产业的优良载体。建议大力发展固态合金储氢产业，建设大湾区氢能分拨枢纽，助推全省突破缺氢困局。

一、氢能产业发展困境

我国氢气制取产业整体发展比较成熟，2022 年产量达到 4 004 万吨，同比增长 32%。我国已成为全球最大氢气生产国，但氢气储运产业则相对落后，基本仍采用高压气态槽罐方式储运。高压气态方式具有成本门槛低的优点，但单次运量少（体积储存密度低）且燃爆风险高。发达国家普遍采用低温液态方式储运，单次运量大，但温控成本高（需维持在 −253 ℃）、充放操作复杂且依然存在泄漏风险。储运成本始终是阻碍用氢成本下降的首要因素，用户购买氢气价格中仅约 15% 源于制取成本，储运成本占比最高可达 50%。

广东是主要用氢大省，全省氢能产业总产值超百亿元，居全国之首，但氢气产量不足百万吨，高度依赖输入补充，用氢产业长期承受运输成本高、供应时效性差等问题。广东改变现状必然要提高本地产能和运输效率，在降碳减排大势下，首要选择是发挥低纬度日照足、季风地区年均风速高的禀赋优势，发展风光电解水制氢产业，以及寻求发展核能制氢产业，而优化运输效率的首要方向则是提高单次运量、降低分摊成本和缩小落后于需求时效的规模。

二、固态合金储氢使氢能产业突破困境

固态合金储氢是一项在常温低压条件下，实现高体积密度储存氢气的技术，其本质为氢气与合金材料的化学反应。充入作业时，氢气与合金材

料反应生成金属氢化物，以氢原子的方式储存氢气；储存期间仅需维持常温低压环境；释放时，加热金属氢化物进行逆反应，使其还原为氢气和合金材料，放出氢气。[①] 固态合金储氢可实现氢气储运效率的翻倍提升。150 atm 高压气态氢的相对密度为 150，液态氢为 778，而金属氢化物中的氢折合可达 1 000 ~ 2 000[②]，同等体积下固态技术的储氢量成倍于现有主流气态、液态技术；"充—储—放"全程无须极端温度或高压条件，既免去相关配套设施成本和烦琐操作，又消除了泄漏爆炸风险，是气态、液态技术的全面上位替代。固态合金储氢助力氢能开辟能源领域应用。风光发电具有高波动性，水力发电自身又无法完好契合用电峰谷，消纳难题始终无法妥善解决，而固态合金储氢以化合物形式储存氢气，稳定性长达 1 年，配合电解水制氢和氢燃料电池设备可实现"绿电"长周期调用。可再生能源发电强度有高度随机性，电解水制氢和固态合金储氢都具备瞬间响应能力，无须任何预热或添加材料等准备程序。可再生能源发电设施布局受地形等自然条件高度制约，而固态合金储氢设施体积密度高、配套模块少，即占地要求低，可紧随发电设施分布建设。固态合金储氢助力氢能开辟广阔的终端领域市场。作为高压储气罐的替代，固态合金储氢装置可与燃料电池组成动力和电能系统，广泛应用于工程器械、汽车等载具，大幅提高动力和续航，也用作通信基站、数据中心、医院等基础设施备用电源，进行长时效放电。预计 2022 年至 2030 年我国氢燃料电池汽车销量将从 0.3 万辆激增至 32 万辆，带动车载固态储氢瓶市场价值从 0.3 亿元飙升至 100.8 亿元；固态储氢加氢站新增投资额也将于 2022 年至 2026 年从 0.6 亿元上升至 5.3 亿元。

三、固态合金储氢在南沙走向成熟

2023 年 3 月，南沙落成全国首个固态合金储供氢技术应用项目"小

[①] 目前主要开发出镁基合金、稀土合金、钛系合金、钯基固溶体四类材料，其中镁基合金储氢容量最大，但放氢所需温度最高（达 300 ℃）；稀土合金和钛系合金储氢容量相对较小，但放氢温度要求最低（室温至 100 ℃）。

[②] 如镁基合金 Mg_2NiH_4 为 1 037，氢化镁为 1 222，氢化钒为 1 944。

虎岛电氢智慧能源站"。项目背靠电网端，以固态合金储氢模块为核心，构建了"电—电""电—氢""氢—电"多种能源转化通道，具备很强的技术引领价值和模式探索价值，已被列入国家重点研发计划项目示范工程和《广州市能源发展"十四五"规划》。

项目的核心储氢模块采用稀土元素与钛的合金材料，体积储氢密度国内领先、国际先进，"充—储—放"全程无须极端温度或高压，仅需在储存过程维持 4 兆帕低压，以及在释放作业时加热至 80 ℃。项目在上游方向配置了光伏发电和电解水制氢模块，其中电解水制氢模块采用国际最前沿的质子交换膜技术（全氟型磺酸膜），制取效率达到 30 标立方米／时；在下游方向配置氢燃料电池发电和氢气加注模块，可向电网稳定输出 12 小时，共计 1 200 度电，并以 1 公斤／分钟的效率为汽车加注氢气。项目结构如图 3-4 所示。

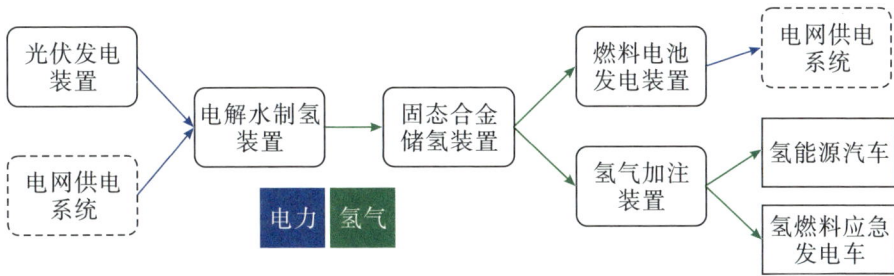

图 3-4　项目结构示意图

"小虎岛电氢智慧能源站"是我国固态合金储供氢技术应用一次从无到有的巨大进步，为全面解决可再生能源消纳难题提供了妥善的方案，并为氢能实现更广泛普及和应用提供了重要支撑。但与国际同类型领先项目对比，其仍然存在一些不可忽视的短板。其一，电解水制氢设备的核心部件质子交换膜完全依赖从美国进口。该部件用作从电解水后的混合物中分离出氢原子，性能优劣直接影响氢气制取效率，继而决定项目整体收益能力。目前，国内企业产品的效用水平尚无法满足此类项目的利润需求，项目采用的膜材仅美国杜邦公司可以生产，存在极大"卡脖子"风险，时刻制约着我国氢气制取、氢气储运产业的发展上限。其二，能量转换效率明显低于欧美同类型项目。该项目从电解水制氢到氢燃料电池发电的"电—氢—电"全过程能源转化效率为 40% 左右 [1]，欧美同类型项目为 50% ~ 60%，该差距直接导致我国相关企业在国际竞争中处于劣势地位。此外，更高的转化效率意味着可再生能源得以实现更大的使用价值，更有利于减少能源结构的碳排放总量。在同等碳排放量要求下，欧美国家可比我国挤出更多排放配额至重点产业，以推动经济发展，此消彼长，致使"双碳"目标成为限制我国发展的束缚。

四、建议大力推动固态合金储氢产业化发展

（一）构建以固态合金储氢设备为核心的产业竞争力，打造可再生能源发电储能产业招牌

一是撬动龙头企业开展固态合金储氢设备供应链招商。把握东方电气总承包建设"小虎岛电氢智慧能源站"并顺利投运的契机，大力推动集团固态合金储氢设备产线和氢能业务区域总部落户南沙，面向一批供应链企业开展精准招商，打造固态合金储氢设备全环节产业链，构建辐射大湾区乃至华南的地区性设备供给系统。二是鼓励电力企业整合固态合金储氢项目建设能力。支持广东能源集团、南方电网等本地本市发电输电企业整合电解水制氢和固态合金储氢设施建设能力，在南沙成立"绿电"储能产业企业，推动"绿色发电 + 电解水制氢 + 固态合金储氢 + 氢燃料发电"组合作为标准模式在全国可再生能源发电站点推广复制。

（二）发展固态氢运输产业，建设区域性氢能分拨枢纽

一是开发货柜式固态氢运输设备。支持小马智行、云从科技等区内人工智能开发企业，联合广汽日野等本市重卡生产企业，与东方电气、科新机电等全国领先储氢设备制造企业共同开发智能化货柜式固态合金储氢设备和固态氢运输车，着手推进固态合金储氢设施可移动化。二是开辟新型"西氢东送"通道。鼓励区内绿色产业领域投融资企业、生产企业与本市

---

[1] 即光伏设施每发电 100 度，有 40 度电可跨周期回送电网。

发电输电企业合作，在东西部协作框架内，前往西南水电丰富地区投资建设电解水制氢项目，并以货柜式固态合金储氢设备为基础，发展固态氢多式联运业务。三是建设粤港澳大湾区氢能分拨枢纽。在南沙港区周边和万顷沙南部市域高速交会区域规划多式联运固态氢储备基地，发展大湾区内小规模、高精度、快速响应的公路供给网络，以及面向大湾区外大规模、较低频次、较低精度的水路铁路供给网络。

（三）开发固态合金储氢设备的终端应用，发展下游氢能应用产业

一是发展在船舶领域的应用。推动广船国际联合中船黄埔，与广州船舶及海洋工程设计研究院等应用研究主体和港科大（广州）等基础研究主体，联合开发氢燃料动力船舶、氢燃料船舶供电系统等，率先开发兆瓦级燃料电池系统。二是发展在工程机械领域的应用。积极响应《湖南省对接粤港澳大湾区实施方案（2020—2025年）》等外省面向大湾区、国家战略平台发起的联动方案，联合市政府推动广汽集团等本地氢燃料电池领域先进企业，与三一重工、铁建重工等发起地区的重点企业，在南沙合资成立氢能工程机械研发生产企业，开拓盾构机等高端氢能装备产业赛道。

（四）大力支持固态合金储氢技术创新，全面强化产业"体质"

一是加强科研主体统筹协同。依托港科大（广州）等科研院校，在"两条科创走廊"框架下，推动联合大湾区氢能领域主要科研主体和应用主体，形成区域性氢能研发的一体化规划，打造基础研究与应用研究密切协作、异地紧密对接的科研分工作业模式。二是建立关键技术攻关支持机制。建立"揭榜挂帅""悬赏制""赛马制"等多元化激励竞争的科研支持模式，为区内各类型主体、各形式研发项目量身定做从技术研发到实现产业化的全过程激励方案，引导各类研发主体集中力量优先攻克高标准质子交换膜等缺口环节和薄弱环节技术，开辟更多产业化场景和平行技术的示范项目。

（五）完善财政金融支撑体系，培育固态合金储氢产业市场

一是面向应用主体出台建设成本补助机制。面向制氢企业、发电站点、加氢站等下游市场主体，出台与配储设施规模、建设时间、使用强度等条件挂钩的建设补助机制和成本加速回收机制，减轻业界采用相关设施的初始成本。二是面向产业主体构建科技、绿色金融赋能体系。联合市政府着手完善广州产业投资母基金、广州创新投资母基金等市区两级政府基金的全过程管理机制，推动切实发挥市场失灵调正功能，谋划绿色金融基础设施和广州期货交易所氢能产业交易板块，开辟更多氢能领域技术绿色融资渠道，助推创兴银行等深耕大湾区的商业银行机构率先落实知识产权质押融资。

参考文献

［1］中商产业研究院．2023 年中国氢能源行业市场现状及发展趋势预测分析［EB/OL］.（2023-03-23）［2024-06-24］. https://www.askci.com/news/chanye/20230323/1454502679554438408060616.shtml.

［2］郑莉莉．吨级镁基固态储氢车正式亮相　最大储氢量可达 1 吨［EB/OL］.（2023-04-14）［2024-06-24］. http://www.mnw.cn/news/china/2770141.html.

［3］谭建生，韦福雷．海岛制氢在粤港澳大湾区的发展建议［R］. 综合开发研究院，2023.

［4］王蔚祺．氢能专题研究之二：固态储氢　新兴技术优势凸显，从零到一前景广阔［R］. 国信证券，2023.

深圳生物医药产业发展经验
对南沙的启示

崔正星

图 3-5　广东医谷·南沙生命科学园（一园）

据了解，深圳 2022 年生物医药与健康产业集群产业增加值 676.8 亿元。其中，仅坪山生物医药产业就实现产值 245.8 亿元，同比增长 16.9%。生物医药企业从 2017 年 200 多家增长至 2022 年 1 100 多家（占深圳四分之一），五年翻五倍，形成以生物创新药、医疗器械、生物技术为主体的生物医药产业集群，有力支撑坪山 2023 年上半年 GDP 同比增长 22.3%（增速深圳各区第一）。详情报告如下：

一、做法与启示

（一）保持战略定力，扭住三大主导产业做大做强

深圳坪山 2017 年设立行政区，便将智能网联新能源汽车、新一代信息技术、生物医药确立为全区三大主导产业，明确由发改局、工信局、科创局分别跟进，一跟到底，全面负责三大产业的政策规划、企业服务、招商引资等工作，为企业提供全流程跟踪服务。经过数年发展，其成果斐然。2023 年上半年，"智能车、创新药、中国芯"三大产业集群产值同比增长 60.1%，占规模以上工业总产值比重约 9 成。生物医药产业发展具有"长周期"的特点，坪山区政府"咬定青山不放松"，坚持长期投入，从国家发改委 2005 年批准深圳（坪山）国家生物产业基地，"一代接一代、一棒接一棒"，悉心培育生物医药企业成长，汇聚生物医药企业超 1 100 家，终结硕果。

坪山在做产业选择和培育时充分结合自身禀赋优势，始终坚持发展壮大主导产业和特色产业。尤其是对于起步晚、底子薄、基础差的新区，人、财、物等资源有限，更需要专注于支柱产业，不贪大求全，不搞四面出击，心无旁骛做强做优做大主导产业。

（二）争取设立国家高性能医疗器械创新中心，打通产业链上下游

深圳积极推动中科院深圳先进技术研究院、迈瑞医疗和哈工大等行业领军企事业单位在龙华设立国家高性能医疗器械创新中心（以下简称"国创中心"），是医疗器械领域唯一的国家级创新中心，链接起全市生物医药

全产业链的创新、资金、人才资源，逐渐成为深圳提升医疗器械产业发展能级的主要抓手。一是企业化运作。国创中心利用国家和深圳共计 4 亿元经费支持场地建设和设备购置，利用龙华提供的 2 亿元招聘人才和引进项目。在后续无财政支持情况下，国创中心以企业化运作方式筛选具有产业化前景的科研项目，每 3 年悉心孵化一批，技术产业化带来的回报又投入下一批科研项目，滚动发展，实现自主经营、自负盈亏、自我成长。二是链接全产业链创新要素。国创中心采用"公司＋联盟"的方式，积极打造全链条垂直融通的创新生态体系，整合行业上下游创新资源，吸纳聚集行业细分领域骨干企业（70 家）、医疗机构（10 家）、行业协会（5 家）、投资机构（5 家）等 100 家成员单位，形成了以科研院所为研发基础的"蝶头"、设备与开放平台支撑企业发展的"蝶腹"、国创中心及产业园等发挥创新创业作用的"蝶尾"，打造具有医疗器械领域特色的"蝴蝶模式"。三是构建多元化的共享服务平台。国创中心聚焦中小企业科技成果转化、创新项目孵化等全链条需求，成立国创金福，为创新产品提供检验检测、动物实验、临床试验、注册认证等转化服务体系（CRO 公共技术服务平台）；联合富士康科技成立国创汇康医疗器械科技，提供自动化、数字化、智能化的定制研发精密制造服务（CDMO 定制生产平台）；成立国创致远，设立 5 支产业基金提供投融资服务，并设立功能齐全的医疗器械孵化基地，为中小企业搭平台、降成本、增便利。

国创中心通过强大的资源对接能力，构建全市医疗器械创新生态体系，提供了行业所需、企业所要、政府所盼的产业资源。如举办 2023 深圳国际高性能医疗器械展。该展汇聚了 528 项医疗科技创新成果、100 多家知名医院、1 403 名医院采购科负责人、67 场路演活动，打通了产业链上下游，一定程度上通过市场化方式实现了政府服务企业的职能，并且更具创新活力、造血能力。

（三）链接资源，政府为企业找资金、找人才、找市场

坪山区政府以"企业有呼、政府必应"为目标，以"全生命周期服务"为基准，依托深圳（坪山）国家生物产业基地培育生物医药企业 1 100 多家，五年年复增长率 40%。一是统筹建设生物医药产业集聚区。深圳

（坪山）国家生物产业基地占地面积 3.29 平方千米，为产业发展提供充足空间。在生物医药研发、中试、检测等不同环节配备了公共服务平台，仅动物实验室就建设了 3 家。二是一个部门管到底。坪山为适配地方生物医药产业发展，创造性地在科技创新局内设生物产业一部、生物产业二部，由科创局一个部门统筹全区生物医药产业政策规划、企业服务、招商引资、要素保障等工作，强化协调管理，避免服务空白。三是找资金引活水。坪山区政府争取市属生物医药产投基金落地坪山，并将未入选基金管理人的产业基金纳入后备库，推动其对接其他产业项目以及参与往后批次产业专项基金项目。同时，联合深创投、深圳天使母基金等知名机构共同发起设立了 12 支引导基金的子基金，累计投资优质的产业项目近 200 个，引"金融活水"为企业"输血活脉"。此外，通过各部门合力精准描绘企业画像，既让各部门有底气推介企业，又让市场充分了解企业发展状况，为"金企"双方撮合了 100 多项企业投融资项目（包括 36 亿元股权投资和 14 亿元债权融资）。四是找人才优服务。本着"我为企业找人才"原则，坪山积极建设人才创新载体平台、举办产业集群人才对接会、助推校企深化合作等为企业招揽人才，仅 2023 年年初赴武汉、长沙、成都、济南 4 城 14 校开展"龙聚坪山·名校引才"系列活动，便为坪山招揽 8 000 余名人才。同时，依托"3+1+1"产业人才政策，将企业技能人才纳入人才奖补范围，积极为企业人才协调教育学位、人才住房，如人才住房基本保证 2 个月内申请获批、40 分钟内通勤抵达，让人才"学在坪山、住在坪山、留在坪山"。五是找市场链资源。主管部门积极为生物医药企业链接产业链各环节资源。如选派人员参与国家药品监督管理局医疗器械技术审评检查大湾区分中心（以下简称"器械大湾区分中心"）筹建工作，全面了解医疗器械审评机制；建立与卫健局、医保局、社保局、医院常态化联系机制，积极推动生物医药产品进入医保系统、医院产品设备目录，为重点生物医药产品临床试验提供专项服务，力促一年内即可完成临床 3 期试验。

深圳市各级政府对于产业规划清晰、政策制定精准、企业服务周到、资源对接全面，关键在于熟知企业发展现状。坪山区科技创新局每年上门拜访上百家生物医药企业，全面了解企业研发、经营、资金、人才发展情况。在充分了解企业的基础上，政府部门敢于为企业融资提供背书、敢于在企业存亡关头提供助力、敢于为企业对接临床资源，从而培育出一批批优质企业。

（四）赛场选马，梯度培育大中小企业

坪山既集聚了赛诺菲巴斯德、新产业生物等龙头企业，也生长出普瑞金、艾欣达伟等大批中小微创新型企业，在构建大中小企业梯度培育格局时有着清晰的实施路径。一是发挥龙头企业带动效应。近年来，坪山吸引了赛诺菲巴斯德和葛兰素史克两大国际疫苗巨头，陆续培育出信立泰、海普瑞、翰宇药业、健康元等各细分领域头部企业，带动了一批上下游中小企业落户坪山，极大增强了自身在生物医药领域的优势。二是选择高成长性企业。深圳（坪山）国家生物产业基地在选择产业资源导入时，并不刻意追求大项目、大平台、大企业，而是专注于筛选高技术、高成长性、高附加值的企业，保持年均新增企业 100 家以上，海内外团队或项目 100 个以上落户，在坪山这个万马奔腾的"赛马场"跑出一批批"黑马"企业，并使其成长为坪山生物医药龙头企业。三是为中小企业搭建产业服务平台。坪山积极引进国家医疗器械产业计量测试中心、广东省医疗器械质量监督检验所（深圳）等重大平台，为企业提供检验检测等公共服务。同时，布局了深圳湾实验室坪山生物医药研发转化中心等百余个创新平台，以此为抓手孵化了近百家生物医药中小型创新企业。

深圳有超过 250 万家中小企业、12 889 家创新型中小企业、8 600 家专精特新中小企业。正是有了庞大的中小企业集群基础，深圳发展的每一阶段都能涌现出华为、腾讯、比亚迪这样的领军企业。迈瑞医疗、华大基因、先健科技等行业龙头领军企业在深圳数以百万计的中小企业竞争中脱颖而出，从小到大、由弱变强。

（五）争取上级关键部门支持，助推审评注册迈过核心环节

深圳通过构建与国家及省上下紧密联动关系，全力争取生物医药产业发展关键环节重大平台落地，最终在与广州等地的竞争中脱颖而出，推动中央编办批复同意在深圳设立器械大湾区分中心和国家药品监督管理局药品审评检查大湾区分中心（以下简称"药品大湾区分中心"），开展医疗器械和药品审评事前事中沟通指导和相关检查等工作。一是便利评审注册，提升过审效率。生物医药产品从研发设计到中试转化，再到注册上市

的一系列流程中，关键环节在于通过国家药品监督管理局受理审评。以往，企业需要赶赴北京咨询、申报、评审等，如今，两大分中心拥有国家药品监督管理局同等评审资质，极大便利企业受理前技术问题现场咨询、现场审评、法规宣贯等业务需求。截至 2023 年 9 月，器械大湾区分中心推动广东省创新器械获批数量翻番（现平均获批 8 个），获批平均耗时缩短了近 5 个月（现平均耗时 15.28 个月）。二是事前主动服务，避免企业前期踩雷。两大分中心主动探索审评重心向产品研发阶段前移工作模式，尤其是对于已纳入创新、优先审评通道和有可能实现关键技术、核心零部件突破的医疗器械、药品，建立"专人负责、主动对接、全程指导"的工作机制，对企业进行先期指导，提前发现问题，尽可能保障在研发设计初期便达到合规要求。

生物医药审评是产品上市前注册管理的重要环节，对拟上市医疗器械和药品的安全性、有效性研究及其结果进行科学评价，对产品上市具有"一票否决"作用。生物医药产业具有投入高、风险大、监管严的特点，抓住审评环节就等于抓住了产业发展的"牛鼻子"。器械大湾区分中心和药品大湾区分中心这样的"小机构"，发挥了促进生物医药产业发展的大作用。

二、对策与建议

南沙现已集聚生物医药企业 400 余家，涉及疫苗、创新药物、精准医疗、医疗服务、医疗器械等多个领域，培育了博雅辑因、天科雅等明星企业，打造了医谷等产业集聚区，近 3 年产值年均增速已达 47.5%，生物医药产业发展强劲。但相比深圳而言，南沙生物医药产业起步晚、底子薄、基础差，亟待借鉴先进地区发展经验，建立健全产业统筹机制，强化企业服务，激发市场活力。

（一）强化主管部门统筹管理，重点发力医疗器械赛道

南沙生物医药企业从引进落地到发展壮大由不同职能部门对接管理，既存在交叉重叠，又存在服务空白，可借鉴坪山发展生物医疗产业做法，

由主管部门统筹管理政策规划、招商引资、企业服务等，做到"一个窗口办到底，一个部门跟到底"。一是深化上下联动，主动争取业务指导支持。生物医药产业受国家政策影响较大，具有"监管严"的发展特点，仅2021 年我国药监部门便发布了超 100 个医疗器械领域的技术指导原则和技术指南。建议由主管部门牵头，同国家和省市生物医药有关部门建立常态化交流机制，积极争取设立器械大湾区分中心南沙办事处、药品大湾区分中心南沙办事处，或选派人员参与相关业务学习培训，或邀请专家定期到南沙开展生物医药有关业务宣讲培训，便利企业咨询辅导。争取建立前沿药品与医疗器械快速审查通道，缩短生物医药企业药品与医疗器械研发上市周期，激发生物医药企业创新活力。同时，推动各上级有关部门加强对南沙业务指导，适时争取选派人员赴国家药监局、国家市监总局、人社部等参与业务交流培训，提升资源链接、业务指导能力。二是将医疗器械作为南沙生物医药产业发展的重点方向。生物医药细分领域中药品研发上市往往需十多年，而医疗器械与之相比上市周期较短，一般仅需数年，具有成果转化快、市场空间大、风险低等优势。南沙医疗器械产业具有良好基础，集聚医疗器械生产企业 56 家，涌现出健齿生物、卫视博、海思卡尔、中大医疗器械等一批明星企业。然而，南沙正在起草的生物医药产业政策（征求意见稿）主要偏向于支持药品研发，可强化医疗器械方面的支持引导。三是集聚创新要素，厚植创新发展土壤。深圳各个片区谋划产业发展初期，积极为产业发展配备创新载体、产投资金、科研院所等创新要素。南沙生物医药产业在高水平研究院、产业基金等方面比较缺乏，建议由主管部门牵头，围绕生物医药产业布局高水平研究院、产业园区、产业基金等，全面赋能人才引进、基础研究、项目落地、成果转化等产业发展的各环节、各领域，打好企业赋能"组合拳"。

（二）推动国创中心在南沙设立分中心，强化创新平台企业服务功能

政府助力产业发展，应减少对市场的直接干预，为企业搭建人才、资金、技术对接平台，加强对平台的扶持培育，让专业化的平台做专业化的服务，这样既可以分摊风险和激发市场活力，又可以降低财政支出压力

和放大财政效果。一是为企业链接市场资源。南沙已集聚一批生物医药企业，下一步应坚持引育并举，发挥政府资源链接功能，做好企业跟踪服务，靶向解决企业发展过程中遇到的难题。如针对中大医疗器械产品推广难题，可发挥政府背书作用，为其对接医院、金融机构、监管机构等，便利医院试验推广、融资需求、审评注册等；针对广东医谷引才留才难问题，可在人才政策中综合税收贡献和人才数量予以不同类型人才指标，为其引才、留才、育才创造良好条件。二是积极推动国创中心在南沙设立分中心。国创中心是工信部认定的 26 家国家级制造业创新中心之一，有力推动了深圳医疗器械产业发展。经调研了解，国创中心有意在大湾区设立分中心，南沙应抓紧对接，争取国创中心分中心落户南沙，推广国创中心医疗器械产业全链条服务经验。同时，统筹其与广东医谷、精准医学研究院、香港科技大学等创新平台加强联动利用，为企业构建更多共享开发服务平台，共同助力南沙打造大湾区医疗器械产业高地。三是强化医谷等创新平台企业服务功能。广东医谷等产业平台自成立以来，频频举办院企创新成果对接会、银企对接会、生物医药产业发展论坛等活动，对南沙产业发展拉动作用巨大。建议进一步做优做强广东医谷等创新平台，将政府服务企业的部分职能转移至创新平台，依托其推进行业交流、举办论坛赛事，为企业汇聚资金、人才、技术，开展生物医药研发、产融互动、审评注册等主题交流，加强行业互动，打造服务南沙生物医药企业发展的重大抓手。

（三）提供企业全流程跟踪服务，激发中小企业活力

2023 年以来，国家、省、市相继就促进民营经济发展出台重要文件，加大对民营经济的支持、营造关心促进民营经济发展的良好氛围是南沙落实上级部署的重要任务。目前，南沙制造业中小微企业仅 6 431 家，与龙岗（79 506 家）、黄埔（30 451 家）、番禺（61 840 家）等地区数量差距较大，龙头企业与比亚迪、华星光电、希音等相比也逊色不少。虽然招大引强对产业短期内拉动效果较大，但大企业、大项目根植性不高，仅将部分业务或非核心业务落地南沙，后续增长空间有限。建议南沙可重点引培高技术、高成长性、高附加值的生物医药中小企业，为其配备创新要素，

链接市场资源，搭建公共服务平台，做好全流程跟踪服务，培育一批生物医药细分产业集群。

（四）发挥政府引导基金的引导作用，赋能产业发展

生物医药产业发展具有"周期长、投入大"的特点，需要金融资本长期投入。目前，南沙尚无生物医药发展专项基金，政府引导基金在对战略性新兴产业的引导支持方面力度较弱，与深圳有较大差距（如深圳仅生物医药与健康产业专项基金就有4支，其中落地坪山1支），应充分发挥政府引导基金资金量大、投资稳定、风险偏好高等优势特点，全面赋能生物医药产业发展。一是推动市区两级产投基金联动发展。1 500亿元广州产业投资母基金和500亿元广州创新投资母基金现已落户南沙，但参投子基金、落地产业项目多为黄埔等地区。为进一步发挥广州产投基金落户实效，引导资金流向区内优质企业，建议南沙联合广州产投引导基金共同发起设立南沙生物医药等产业投资专项基金，市区联动，提升南沙主动权，发挥引导基金对南沙的资金放大和产业引导作用。同时，依托南沙科技创新母基金，以资招资，借助政府资本吸引社会资本，共同组成生物医药专项子基金，满足生物医药企业融资需求。二是搭建产投企业对接平台。定期举办产业投资沙龙座谈，推动广州产业投资母基金、广州创新投资母基金等产投基金与南沙生物医药企业建立紧密沟通渠道，为投融资双方交流合作提供对接平台。三是鼓励集体资本成立私募股权投资基金。参考深圳罗湖、龙岗等区域成立"市区国企＋股份合作公司"股权投资基金的做法，鼓励区内集体资本联合资深创投企业成立股权投资基金，盘活集体资金，同步解决创投行业募资难和集体资本投资收益低的问题。

发挥广州南沙产业优势加快布局中低轨卫星产业打造中国商业航天"第一极"的建议

崔正星　李　凯　钱军平

图 3-6　中科宇航力箭一号遥三运载火箭成功发射

卫星是利用空间资源环境，为经济社会各领域用户提供通信广播、导航定位授时、地球综合观测及其他产品与服务的天地一体化设施，按所处轨道可分为低轨、中轨、高轨卫星。中低轨卫星的单颗卫星部署成本较低、卫星数量庞大、系统容量较高，在实现全球网络覆盖等方面具有巨大优势，市场潜力较大，是最符合成熟市场的解决方案。由于中低轨卫星的轨道频谱资源有限，是太空中的稀缺战略资源，世界各国正加快布局，以期获得先发优势。近年来，我国卫星发射也以低轨卫星为主，并明确提出要加强卫星通信顶层设计和统筹布局，推动高轨卫星与中低轨卫星协调发展。为抢抓全球商业航天产业发展机遇，建议充分发挥广州南沙商业航天产业发展基础及资源优势，以中低轨卫星为突破口，争取政策突破和先行示范，构建商业航天全产业链，明确南沙在全省商业航天产业的核心地位，打造中国商业航天"第一极"。

一、卫星产业总体情况

（一）总体情况

国际方面，全球卫星产业规模持续壮大，占航天经济比重保持在70%以上。2021年全球航天经济规模达3 860亿美元，全球卫星产业规模达2 790亿美元，同比增长3%。截至2021年年底，全球在轨卫星有4 852颗，其中低轨卫星有4 078颗，占比达80%以上。国内方面，近年来，我国卫星领域加速发展，在轨卫星数量稳居世界第二，卫星应用行业市场规模稳步提升。截至2021年年底，我国已注册并有效经营的商业航天企业数量超400家。当前，我国卫星发射以低轨卫星为主，卫星制造企业以国企为主，商业卫星发展占比约三成，形成国企领衔基础设施建设、民企投身商业航天发射的格局。专家表示，未来5~8年将是中低轨互联网星座产业发展的快速增长期，卫星研制将实现模块化、集成化、系列化、柔性化及星箭一体化设计，将极大加速卫星研制的低成本、轻量化、批量化和产业化进程。

（二）国内政策环境

国家层面大力推动卫星产业纵深发展，预计"十四五"期间将进一步深化建设。国家"十四五"规划指出，要打造全球覆盖、高效运行的通信、导航、遥感空间基础设施体系；《"十四五"信息通信行业发展规划》明确，加强卫星通信顶层设计和统筹布局，推动高轨卫星与中低轨卫星协调发展；《"十四五"数字经济发展规划》明确，要积极稳妥推进空间信息基础设施演进升级，加快布局卫星通信网络等，推动卫星互联网建设。结合"十四五"开局第一年卫星发射数量（2021 年发射 94 颗，相较于 2020 年增长 52%，相较于"十三五"第一年 2016 年增长 395%）以及各类星座计划的推进，预计"十四五"期间我国卫星发射数量将保持快速增长，有望带动卫星相关产业蓬勃发展。

（三）国内先进地区发展情况

各地加快规划布局，加大政策扶持力度。当前，部分省份已将商业航天视为战略性、先导性和支柱性产业，并出台了相关规划及政策文件，如《京津冀协同推进北斗导航与位置服务产业发展行动方案（2017—2020年）》《广东省人民政府办公厅关于推动卫星导航应用产业发展的指导意见》《北京市支持卫星网络产业发展的若干措施》以及《中国（上海）自由贸易试验区临港新片区集聚发展航空航天产业若干措施》等。北京、天津、上海、西安、长沙、重庆、成都等多地政府联合多方加大对商业卫星产业发展的扶持力度，加快重大项目布局，规划建设专业产业园或高新区。如陕西省、西安市政府联合中国航天科技集团有限公司建设国家级陕西航天经济技术开发区；重庆在两江新区布局火箭基地，达产后年产值约15 亿元；长沙投资 9 亿元建设中航星总部和卫星终端生产基地，拟打造军民融合示范城市。此外，多地政府大力扶持商业航天民营企业，北京商业航天企业占据国内主导力量，广东、浙江商业航天民企数量超过国企，航天科工在武汉建设商业航天中心。

（四）广州南沙商业航天产业发展情况

近年来，南沙陆续引进中科宇航和吉利航天两大链主企业，成立大湾区首支商业航天基金，2022 年推出"探天九条"专项政策，为广东打造商业航天"第一极"奠定重要基础。当前，南沙围绕航天产业链上下游重点开展投资布局，国内首个全产业链精益化、数字化、智能化的商业航天产业化基地投产运营，年产可达 30 发运载火箭，已基本形成"一箭一星一院一基金"的产业发展格局，加速形成集运载发射、卫星研制和航天应用于一体的商业航天全产业链布局。

二、政策建议

（一）争取国家层面支持南沙优化商业航天市场环境

建议积极争取国家部委支持南沙在准入门槛、投融资、保险服务、数据共享、国际合作等方面优化商业航天产业市场环境，聚焦卫星资源跨系统调用和市场化应用、电信运营许可、无线电频率台站等卫星应用企业核心关切的政策，争取实现政策突破和先行示范。全力支持有条件企业申请卫星通信基础电信业务经营许可证。

（二）推动省层面明确南沙在全省商业航天产业的核心地位

把握《南沙方案》政策机遇，发挥南沙区位优势和航天产业发展基础及资源优势，推动省层面出台发展商业航天产业的指导意见，明确南沙在全省商业航天产业的核心地位，全面整合全省航天产业及创新资源，大力引进国内外航天产业优势力量，争取频率资源、专项资金支持，推动卫星遥感、卫星通信、运载火箭、测控等商业航天重大产业链落地南沙，打造以南沙为核心的广州航天产业基地。

（三）加强全产业链布局，推进公共服务应用示范

商业航天技术辐射面广、产业带动力强、关联产业多、产品附加值

高，能够带动新一代信息技术、高端制造、新能源、新材料等高精尖技术产业发展，在城市管理、防灾减灾、水务监测等领域发挥积极作用。建议争取省层面围绕南沙商业航天的火箭链、卫星链、数据链产业系统布局，并积极争取中国航天科技力量部署，强化关键技术攻坚，将航天的先进技术与商业化批产技术相结合，不断补强商业航天研发制造薄弱链条，推动商业航天产业链延伸，形成以航天技术完整产业链结构为核心、相关制造和服务配套产业为支撑的生态体系。同时，推进公共服务应用示范，构建以消费端为核心和导向的商业层，加强市场应用需求研究，创新应用场景和应用模式，不断培育发展航天科普教育、航天文化推广、大众消费、卫星应用及推广等市场，加强在生态环保、城市管理、智能交通、文化旅游等领域的应用推广，加大商业航天在政府数据服务中的采购力度，开放供应链服务，通过合同、采购订单、合作协议等多种模式支持商业航天参与国家重大工程和重大项目，给予落地场景空间，以需求为牵引指导商业航天有序快速发展，推动产业生态发展。

（四）提供多层次政策配套，加强产业要素服务保障

建议市层面出台配套政策，强化对南沙商业航天领域在人才、资金、土地等要素方面的服务保障。依托南沙国际人才特区建设契机，充分发挥现有专家智库资源优势，组建卫星等商业航天产业领域专家库，提升产业前沿研究决策水平。在南沙规划布局一批航天领域各具特色的科研创新平台，着力引进国家战略科技力量、高水平实验室，加强基础设施、公共技术平台建设，夯实产业发展科技基础。依托港科大（广州）等高校及各类科研机构，建立人才合作培养模式，加大本地人才培养力度。精准引进行业领军人才和创新团队，支持高层次人才申报国家、省、市重大人才工程项目，根据入选人才层次分别给予相应的政策和资金支持。设立广州商业航天战略性专项基金，以投促引、以投促产，带动社会资本助力广州加速形成商业航天产业集群。制定航天产业企业目录，引导土地、资金等要素向商业航天领域倾斜。由市有关部门牵头，落实企业项目筹建服务机制，加强大岗先进制造业基地等产业载体建设，全力保障项目快速顺利落地。

加快建设大湾区电子气体产业集聚区 以"中国气"助力半导体产业发展

杨晨鑫 杨 辉

图 3-7 广州广钢气体能源股份有限公司园区

电子气体是运用于半导体、集成电路等电子产品生产过程中的气体的统称，可分为电子大宗气体、电子特种气体等，是电子行业大规模生产和制造工艺的关键原材料，占集成电路总材料成本比例约 14%，仅次于硅片和硅基材料，被誉为电子产业的"血液"和"粮食"。2023 年 8 月 15 日，位于南沙的"独角兽"企业——广州广钢气体能源股份有限公司（以下简称"广钢气体"）正式登陆科创板。该企业是一家国内领先的电子大宗气体综合服务商，也是国务院"科改示范企业"及广州市国资委重点混合所有制改革项目企业。建议以广钢气体为龙头，以南沙为集聚平台，建设大湾区电子气体专精特新产业园和产业集聚区，助力广东打造国家集成电路产业发展"第三极"。

一、国际国内电子气体产业格局

（一）外资企业寡头垄断特征显著

近年来，全球电子气体市场蓬勃发展，预计市场规模将从 2021 年的 90 亿美元增长至 2025 年的 150 亿美元，但美国空气化工（25%）、德国林德集团（25%）、法国液化空气（23%）和日本酸素（18%）四大寡头总计垄断了约 91% 的市场份额。在我国电子特种气体领域，外企处于绝对垄断地位，市场占有率为 85%；在我国电子大宗气体领域，广钢气体与林德集团、液化空气、空气化工形成了"1+3"的竞争格局。根据中国工业气体工业协会数据，现阶段集成电路所用的电子特种气体中，我国仅能生产约 20% 的品种，其余品种均依赖进口，外企依旧具有行业优势。

（二）国内产业布局较为碎片化

重要电子大宗气体企业除广钢气体外，还有 3 家分别位于长三角、湖北和四川。重要电子特种气体企业大湾区有 1 家、长三角有 3 家、京津冀有 2 家，湖南、四川、辽宁、福建各有 1 家（见表 3-2）。可以看出，内资电子气体产业整体分布较为分散，呈现碎片化特征。但总体而言，长三角分布了相对较多的电子气体企业，并布局了四大外企的中国区总部，相对具有集群优势。

表 3-2　重要内资电子气体企业地区分布

电子大宗气体企业	大湾区（1家）	广钢气体（广州南沙）
	长三角（1家）	盈德气体
	其他地区（2家）	和远气体（湖北）、侨源股份（四川）
电子特种气体企业	大湾区（1家）	华特气体（佛山）
	长三角（3家）	金宏气体、南大光电、雅克科技
	京津冀（2家）	中船特气、绿菱气体
	其他地区（4家）	凯美特气（湖南）、昊华科技（四川）、柯利德（辽宁）、久策（福建）

（三）广钢气体龙头效应开始显现

　　广钢气体是国内首家为长鑫存储、晶合集成、华星光电、惠科股份等芯片、面板行业龙头厂商供应电子大宗气体的气体公司，已在大湾区为电子半导体、医疗、汽车等行业供应氦气，基地供应能力每年超过100万立方米，打破了外企对电子大宗气体的垄断地位。但目前大湾区电子气体行业重要企业只有广钢气体和华特气体，且没有任何一个城市有明显产业优势，产业整体落后于长三角，相关人才和资本已形成向长三角流动的惯性。广州半导体行业的强项目前主要集中在制造、封装环节，这也为广钢气体立足大湾区拓展电子气体市场、打破外资技术垄断提供了空间。

二、发展电子气体产业的机遇与挑战

（一）电子气体产业在培育新的经济增长点、推动产业链式发展、维护国家安全等方面前景广阔

一是具备形成产业集群、培育新的经济增长点的潜力。根据国际半导体产业协会（SEMI）数据，我国电子气体市场规模由 2017 年的 168.3 亿元增长至 2021 年的 281.8 亿元，预计 2025 年将增长至 438.6 亿元，复合增长率达 12.72%。其中，电子大宗气体市场规模由 2017 年的 59 亿元增长至 2021 年的 86 亿元，预计 2025 年将超过 122 亿元，复合增长率达 9.51%（见图 3-8）。目前，我国内资电子气体产业布局呈碎片化特征，加快发展电子气体产业集群，可以为区域培育新的经济增长点。二是国内市场需求巨大，可以发挥本地供应链优势。目前，全球电子气体市场呈现供不应求的态势，氦气供应缺口超 20%，且需求将继续增加，以中国为代表的亚太地区国家电子气体需求增长率显著高于全球平均水平，具有巨大成长空间。此外，行业内有"全球近 60% 的芯片应用市场在中国，中国近 60% 的芯片应用市场在大湾区"的说法，可见大湾区本地电子气体需求增长空间更加巨大。由于电子大宗气体要求全时供应，下游半导体与集成电路厂商多会选择现场制气模式来保证气体稳定供应，本地供应链的优势不言而喻。三是稳定半导体产业供应链，维护国家安全。美国于 2022 年对向中国出口芯片设备实施全面限制，严重损害我国半导体供应链安全。对此，国家也出台了大量政策推动半导体产业链国产化、扶持"卡脖子"环节产业。电子气体是我国半导体产业链的关键短板，《国家重点支持的高新技术领域目录》等多份文件都将其列入国家重点支持发展的高新技术产业。大力发展电子气体产业并扩产能、扩品类，积极应对美国贸易制裁和全球产业链重组，有助于打破外资垄断，实现半导体供应链国产化，保障重点产业供应，维护我国半导体供应链和国家发展安全。

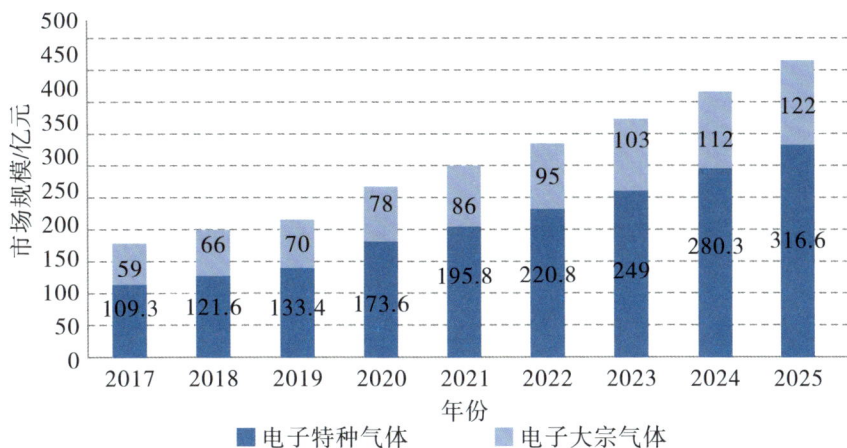

图 3-8　中国电子气体市场规模 ①

（二）发展电子气体产业面临技术壁垒、资源不足、合规性阻碍等现实困难

　　一是内资企业与外资企业相比存在技术壁垒。例如，广钢气体自主研发的"Super-N"系列超高纯制氮装置单机最高设计供气规模为 37 000 N·m³/h，而林德集团等外企的同类设备可达 60 000 ~ 70 000 N·m³/h。尽管目前广钢气体可以满足国内大多数下游产业的需求，但随着下游产业对电子气体的纯度等要求愈发严苛，这种技术壁垒仍会成为发展的阻碍。二是氦气供应渠道"卡脖子"风险巨大。近年来，氦气在半导体领域的应用持续增加，2021 年美国氦气产能约为 7 700 万标准立方米，全球占比约 48.13%；卡塔尔氦气产能约为 5 100 万标准立方米，全球占比约 31.88%；而中国仅占约0.63%。目前，国际氦气供应实行配额制，且额度已基本由外企完成分配，我国面临氦气供应渠道缺乏保障的问题。三是合规性审查的隐性壁垒可能影响企业生产积极性。以节能评估环节为例，广钢气体甲醇裂解制氢的过程是通过较少的能耗将能源（甲醇）转化为能源（氢气），而并不是将能

---

① 数据源于 SEMI 及《广钢气体招股说明书》，图表源于国信证券《电子大宗气体行业专题：国产替代进程加速，看好业务长期稳定性与客户黏性》。

源（水、电、煤等）转化为商品。但实践中评估部门可能采用后一种思路计算，影响企业通过扩产节能评估。

三、广州发展电子气体产业的市场空间和产业基础

（一）广州具有完整的产业链，大湾区也有广阔的下游市场支撑

广州布局了包括粤芯、增芯等在内的重要半导体企业，以及大湾区集成电路与系统应用研究院等研发机构，初步形成规模集聚效应。《广州市半导体与集成电路产业发展行动计划（2022—2024年）》提出打造"一核两极多点"的产业格局，到2024年，实现年主营业务收入突破500亿元，年均增长超过15%的目标，产业发展势头良好。广东半导体、集成电路产业欣欣向荣，广东省第五批专精特新"小巨人"企业名单中，半导体、集成电路企业超42家，覆盖IC设计、制造、材料、设备等全领域。2022年广东半导体集成电路产业集群实现营收超2 200亿元，目前全省在建、拟建集成电路重大项目近40个，总投资超5 000亿元。这为广州发展电子气体产业提供了巨大的市场，并有助于进一步巩固广州在大湾区产业及区域协同发展中的重要地位。

（二）广钢气体具有优良的产业基础和供应链保障，业务拓展前景良好

从技术支撑看，广钢气体是电子大宗气体的内资龙头，拥有完整的核心技术体系，形成了PPb级超高纯电子大宗气体的制备及稳定供应能力。在产品技术参数上，广钢气体制备的氮气、氦气、氧气、氩气等气体标准超过了国标最高要求，已与外企先进水平保持一致，突破了外企的技术壁垒。从供应链保障看，广钢气体研发形成了全时在线气体供应技术、高频脉冲测控技术、数字化运行技术等，实现了气站长期、可靠、稳定的运营。2022年，广钢气体取得下游客户华星光电颁发的"安全稳定运行4 000天"以及滁州惠科颁发的"安全稳定运行1 500天"证明，是国内唯一同时拥有长期、大批量、多气源地氦气采购资源的内资气体企业，其供

应链具有稳固保障。从业务前景看，由于电子大宗气体行业进入壁垒高、客户准入周期长，因此一个客户通常仅有一个供应商，供气期 15 年，气体供应企业"强者恒强"效应突出。从四大外企的发展经验来看，在未来，广钢气体电子大宗气体业务优势很容易发展形成电子大宗气体和电子特种气体双轮驱动区域优势。

（三）南沙完善的基础设施、产业布局和政策支持为电子气体产业发展提供强大动力

基础设施方面，电子气体的储存和运输需要维持严格的环境条件，对于供电稳定性要求极高。南沙所具有的良好供电保障，对于发展电子气体产业至关重要。供给端方面，位于南沙的小虎化工区是广州唯一的化工园区，建立了严格的安全生产一体化管理体系，与电子气体产业发展的核心需求不谋而合；小虎岛电氢智慧能源站的"气体岛"氢气供应模式未来有机会为电子气体产业所用。需求端方面，南沙建设约 2 平方千米的万顷沙半导体及集成电路产业园，引进了芯粤能、芯聚能、晶科电子、联晶智能、南砂晶圆、奕行智能、先导装备等一批行业龙头企业，在芯片设计、材料、设备、制造、封测以及应用端等关键环节均已布局重点企业，共同构成国内唯一的以车规级第三代半导体产业链为核心的半导体和集成电路产业聚集区。未来五年还将以这一产业园为发展核心建设集成电路研发设计发展区和电子化学品发展区，在国内率先实现宽禁带半导体全产业链布局。政策支持方面，15% 企业所得税、"国际化人才特区 9 条"[1] 等优惠政策落地实施；在科技创新、集成电路、"独角兽"企业等方面推出 10 余项特色专项政策，比如"强芯九条"[2]；对半导体与集成电路产业落户奖励最高 3 亿元、融资跟进最高 5 千万元、公共服务平台补贴最高 3 千万元，南沙有基础、有动力吸引产业和人才集聚。

---

[1]《广州南沙国际化人才特区集聚人才九条措施》。
[2]《广州南沙新区（自贸片区）促进半导体与集成电路产业发展扶持办法》。

四、对策建议

广州发展电子气体产业应统筹考虑服务保障国家半导体等电子产业安全、打造电子气体枢纽、拉动产业链发展等多层次目标，建议从工作机制、平台载体、赋能路径、开放合作等几个层面着手，推动相关工作。

（一）健全市层面工作机制，整合全市资源统筹推进电子气体产业发展

一是在全市层面建立电子气体发展领导小组并出台产业发展支持政策，提高政策落地进度和实施效果。二是摸清全市电子气体及其上下游产业家底，进行资源整合，谋划电子气体产业整体发展。三是推行气体产业链长制，以广钢气体作为链主企业，通过分享市场、分工协作、技术扩散等方式，带动氢气、氦气等多类工业及民用气体产业协同发展，提升产业链整体质效。四是在不违反安全、环保等原则的前提下，进一步便利相关企业的合规性审查，促进项目落地。

（二）充分发挥南沙综合优势，在南沙谋划建立大湾区电子气体专精特新产业园

一是利用南沙基础设施、产业布局和政策支持等综合优势，发挥广钢气体行业龙头作用，建立大湾区电子气体专精特新产业园，形成大湾区电子气体分拨枢纽。二是大力发展半导体、集成电路等下游产业，形成完整的供应链体系，推动电子气体产能本地消化。三是发挥南沙合格境外有限合伙人（QFLP）、跨境贸易投资高水平开放试点等政策与平台优势，为产业园配套完善的融资渠道，鼓励境外投资者以设立基金等方式投资电子气体产业，吸引境外资金集聚。四是支持广钢气体国际产业布局，探索与俄罗斯开展合作，丰富氦气供应渠道，抓住印度等亚太地区国家电子气体市场急剧扩大的时机，快速承接当地产业需求，在全国率先构建电子气体离岸贸易体系。

（三）积极探索金融化路径，前瞻性开展电子气体期货市场布局可行性研究

一是利用广州期货交易所平台，探索推出电子气体相关期货产品，提高市场活跃度与流动性。二是拓展与电子气体金融化相关的经纪、咨询等中介服务，拉动产业链延伸，吸引电子气体相关金融服务集聚。三是总结并推广电子气体金融化发展经验模式，建立健全电子气体金融产品的开发和交易流程，加快我国在电子气体金融化领域规则标准"走出去"，提升中国在世界电子气体金融交易市场中的话语权。

（四）支持外资化工企业就地延链，提升大湾区电子气体产业国际化水平

2023 年 8 月，巴斯夫湛江一体化基地制氧项目开工建设，为广东及大湾区龙头企业就地延链提供了示范。巴斯夫和埃克森美孚为满足客户的环保合规新需求，于 2020 年联合研发出了一项全新气体处理技术——OASE$^{®}$ sulfexx$^{™}$技术。建议依托巴斯夫湛江、埃克森美孚惠州等龙头外资企业布局项目，发挥其在国际化工行业和市场上的技术、信息和人才优势，引导其深度参与大湾区电子气体产业链，并在南沙设立技术研发中心，补齐大湾区缺少电子特种气体国际龙头企业的短板，使大湾区形成与长三角并驾齐驱的格局。

（五）深入挖掘与香港合作潜力，应对美国对半导体与集成电路产业的围堵

香港是全球最大半导体零部件调拨中心，但受制于美国贸易封锁，半导体进口大幅下降，转口贸易遇到阻碍。为应对这一局面，香港特区政府于 2022 年年底公布《香港创新科技发展蓝图》，提及发展半导体产业，特首李家超表示将设立微电子研发院。建议谋求与香港在电子气体产业链上的深度合作。一方面，利用大湾区电子气体产能优势，为香港发展半导体产业提供原料供给，帮助引领香港工业新出路；另一方面，以香港高校与研发机构为依托，引进电子气体产业专家、专利及设备，为"港澳成果＋南沙转化＋湾区应用"协同创新共同体打开突破口。

借鉴深圳经验
优化南沙"工业上楼"模式

崔正星

图 3-9　南沙横沥生物医药产业园

当前，"工业上楼"作为一种新型产业载体形式，其功能作用逐渐从单一的空间供给向产业生态协同塑造转变，成为一种培育产业新动能的路径。近年来，南沙积极抢抓产业发展新趋势，出台了一系列产业用房政策，加快推动以标准厂房为主体的"工业上楼"新模式，但还存在系统谋划不足、开发模式单一等问题。相较南沙而言，深圳"工业上楼"模式具有开发模式多元化、财政资金利用高效化、投开建营体系化的优势特点，并于 2023 年顺利完成首批 2 000 万平方米的"工业上楼"建设目标。其中，深圳第一大"工业上楼"试点园区——新桥东先进制造产业园规划建设 500 万平方米产业空间，预计新增实现 500 亿元 GDP 目标，为落实深圳"20+8"产业发展战略提供有力支撑。建议借鉴深圳经验，进一步优化南沙"工业上楼"模式，加快解决南沙产业空间供给不足、用地效率不高、产业集聚不足等难题，为全区产业转型升级提供支撑。

一、南沙发展"工业上楼"必要性

一般认为，"工业上楼"是一种产业空间供给模式[①]，具有节约土地资源、提高用地效率的作用。但随着同一生产空间集聚效应和协同效应的释放，"工业上楼"逐渐营造了"上楼下楼上游下游"的产业生态，成为一种培育产业新动能的路径。

（一）"工业上楼"是破解南沙工业用地不足、产出效率不高的新抓手

一是工业用地总量优势不明显。南沙现有工业用地面积约 44.88 平方

---

① "工业上楼"目前未有统一定义。以深圳光明定义为例，"工业上楼"建筑是指具备相近行业高通用性、高集约性的特点，符合国家通用建筑标准及消防、节能、环保等现行规范和政策要求，用地性质为普通工业用地（M1）或新型产业用地（M0），容积率不低于 3.0，高度 24 米以上，层数 5 层及以上，配置工业电梯且集生产、研发、试验功能于一体的厂房。

千米，总量低于花都、白云、黄埔和增城区[①]，在全市排名第五，随土地要素保障日益趋紧，工业增量空间受到较大限制[②]。二是工业用地产出效率不高。一方面，工业用地分布零碎，呈现"一个大聚集片区＋若干零散企业"的特征，不利于产业发挥集聚效应，现有工业用地平均容积率约为0.6[③]，其中容积率1.0以下约占70%，现有279个村镇工业集聚区，容积率1.0以下达80.3%；另一方面，现有工业用地产出效率低，2021年全区703家规模以上企业地均产出12 567元／平方米，仅为浦东新区的21.1%、苏州工业园区的12.7%。发展"工业上楼"能极大提高工业用地利用效率，保障南沙工业发展空间，在节约土地资源空间的同时最大程度产生经济效益。

（二）"工业上楼"是培育南沙产业新动能的新路径

一是产业集群协同效应和整体竞争力有待提高。南沙部分产业链上中下游企业布局分散，限制业务联系，未能形成供应链上中下游紧密协作关系。二是南沙产业结构较为单一，新入统规模以上企业数量和质量不高，"小升规"可挖掘基数小。在库规模以下工业企业仅4 000家，与黄埔（约4万家）、番禺（约1.4万家）相比差距明显，随着近12%的在库存量企业实现小升规，可供发掘和培育的小升规潜力企业数量相当有限。发展"工业上楼"模式，有助于引入产业链上中下游的中小微企业，营造"上楼下楼上游下游"的产业生态，形成产业经济新增长极。如丽水万洋众创城，通过"工业上楼"吸引一大批中小微企业高度集聚[④]，构建了其特色优势箱包产业集群，形成了从前端设备供应，到中端箱包配件加工，再到末端箱包组装成品，以及配件覆膜及拉杆喷漆等特殊工艺的完整产业链。

---

① 2022年，南沙现有工业用地面积约44.88平方千米，低于花都（57.38平方千米）、白云（54.04平方千米）、黄埔（49.08平方千米）和增城（46.98平方千米）。

② 根据国土空间总体规划，南沙城镇开发边界261平方千米，开发边界内可新增83平方千米建设用地（扣除水域），到2035年可新增建设用地规模约120平方千米（其中工业仓储港口37.3平方千米）。

③ 广州工业用地容积率要求为1.0～3.0。

④ 已引入300家企业，计划引进1 000家以上制造业生产企业。

（三）"工业上楼"是解决南沙产业空间适配难题的新举措

一是可租赁大面积的高标准厂房数量少。目前，南沙存量产业用房380.53万平方米，可租面积139.78万平方米[①]，其中可租赁高标准厂房约46.35万平方米，其中大于5万平方米仅3处[②]，难以为上下游产业链企业提供充足产业空间。二是可租赁高标准厂房的标准不高。层高达标的仅32.2%，承载符合高标准规范的约28.7%，大部分厂房在平面布局、建筑层高、荷载要求、电梯设置、防火、洁净厂房、排污设施等方面不能满足现代制造业项目的需求。"工业上楼"提供高品质工业空间，可满足如电子信息、智能装备、医疗器械、新材料等现代制造业的空间载体要求，也可满足研发型企业对产业链、产业生态的要求，是当前南沙适应转型期新兴制造业产业空间载体的必然趋势，也是导入"轻精灵优"制造业的重要保障。

二、深圳发展"工业上楼"模式与政策经验

2022年，深圳宣布"按照每年建设不少于2 000万平方米，连续实施5年的进度，向社会提供'工业上楼'的高品质、低成本产业空间"[③]，正式由市场化工改工方式转向以政策性产业空间方式推进"工业上楼"，以解决以往工改工模式下的"工业上楼"实施慢、市场动力不足等问题。深圳"工业上楼"模式展现出政策体系完备，为政府部门、企业提供全流程、多维度指引；实施路径多元，财政资金利用高效；围绕产业链梯度招引企业，有利于大中小企业融合发展等优势特点。

（一）政策体系：逐步完善，形成全流程、多维度政策指引

深圳在全面推行"工业上楼"计划过程中，已形成了全流程、多维度

---

① 统计截至2023年5月上旬。
② 大于5万平方米的仅洲周光电产业园、万纬广州南沙园、联东U谷3处。
③ 于2022年11月深圳高交会宣布。

的政策指引（见表 3-3）。一是出台"工业 30 条"①作为指导性政策，首先提出了"加大优质产业用房供给""研究推动'工业上楼'新模式"大方向，可视为深圳"工业上楼"计划的顶层设计。二是出台《深圳市优质产业空间供给试点改革方案》《深圳市"工业上楼"项目审批实施方案》两份核心性文件，提出了城市更新、提容或新供应、土地整备三种实施路径及相应审批机制；明确了政策试行期以"政府主导、国企实施"方式推进工作，试行期后"工业上楼"实施主体未限定为国企，"工业上楼"年度项目计划可由具备相应资质条件的开发企业提出申请；制定了"高品质、低租金"利益平衡机制，规定"工业上楼"计划下的厂房租金不超过 35 元 / 平方米 / 月，年涨幅不超过 5%，收益端规定项目内部收益率 ≤ 4.5%，城市更新类项目规定可设置 30% 居住项目，以"居住反哺工业"方式平衡项目利益。三是在两份核心政策基础上，由各区出台规范标准、产业用房管理政策，其中规范标准政策主要针对"工业上楼"的产业导入、建筑设计等，为建设运营工作提供了详细指引。②产业用房管理政策主要是对"工业上楼"项目建成后的租售要求、企业入驻等用房管理事项进行规定，与项目后期的产业导入息息相关。以龙华区"工业上楼"产业用房管理政策为例，其中出售面向企业条件区分了重点企业、成长型企业、优质企业三种类型③，以达到"工业上楼"项目梯度招引产业链上下游大中小企业的目的。

---

① 即《关于进一步促进深圳工业经济稳增长提质量的若干措施》。

② 如《深圳市光明区"工业上楼"建筑设计指南》《深圳市光明区特色产业园区建筑设计指南》明确了上楼产业筛选路径、通用性建筑、园区规划设计规范标准，并进一步细化了生物医药产业、超高清视频显示等 8 大特色产业园区的建筑设计指标，通过层高、承重等 42 个工业上楼指标，以及垂直交通、减震隔振等 19 个特色产业园区指标，确保新建产业空间能用、好用，且与企业需求相匹配。

③《龙华区工业上楼项目企业入驻管理实施细则（试行）》（征求意见稿）要求重点企业：（1）上年度产值（或营收）10 亿元以上的企业或上年度纳税 5 000 万元以上的企业。（2）上市企业。（3）专精特新"小巨人"企业。（4）制造业单项冠军示范企业。（5）制造业单项冠军产品企业。（6）独角兽企业。成长型企业：（1）市级以上专精特新企业。（2）近三年平均产值（或营收）1 亿元或平均增加值 0.25 亿元以上，且三年平均纳税超过 1 000 万元、三年产值增长年均超过 20% 的企业。（3）拟上市企业。优质企业：经龙华区政府审定，对龙华区重点发展产业具有填补空白和完善产业链作用或者核心技术专利处于国内外领先地位企业、重点招商引资企业等重点企业。

表 3-3　深圳"工业上楼"相关政策

政策类型	政策名称	主要内容
指导性政策	《关于进一步促进深圳工业经济稳增长提质量的若干措施》	提出"加大优质产业用房供给""研究推动'工业上楼'新模式"
实施路径与指引政策	《深圳市优质产业空间供给试点改革方案》	明确政策试行期试点项目的实施模式等
	《深圳市"工业上楼"项目审批实施方案》	明确"工业上楼"三种实施路径及相应的审批机制，规定了项目利益平衡机制等
规范标准政策	《深圳市光明区"工业上楼"建筑设计指南》	提出"工业上楼"的产业筛选、园区设计、建筑设计、消防管理、环保管理、供水管理、供电管理等方面规范标准
	《深圳市光明区特色产业园区建筑设计指南》	
	《深圳市宝安区工业上楼工作指引（试行）》	
产业用房管理政策	《龙华区工业上楼项目企业入驻管理实施细则（试行）》（征求意见稿）	明确"工业上楼"项目租售要求、入驻条件与标准、入驻审批流程、退出机制等产业用房管理要求等

（二）实施成效及运营重点：超越作为空间供给方式的单一作用，逐渐成为一种培育新型经济形态的路径

一是注重引入未来发展动能足的成长潜力型企业，扶持企业完成"全成长周期"。以宝龙专精特新产业园为例，主要引入以专精特新企业为代表的"腰部企业"，引入专精特新企业占比达 86%。此外，"工业上楼"除为企业提供空间载体外，还给予"全成长周期"的企业服务，如龙华银星科技园已拥有"众创空间—孵化器—加速器—产业园区"全生态产业孵化

链，可满足企业成长不同阶段需求。二是注重提升企业协同性及产业集聚效应。围绕产业链进行招商，如新桥东先进制造产业园锁定工业母机、激光与增材制造、精密仪器设备、智能机器人四大产业集群，针对性地将上下游或有关联的企业就近组团招商，实现"上下楼就是上下游，一栋楼就是一条链，产业园就是生态圈"，充分发挥产业集聚效应，实现资源配置的高效性、集约性。三是注重提供专业化的产业配套服务。"工业上楼"项目建成后要协调服务更大数量企业，应对更多元化的诉求，需结合上楼产业诉求，提供产业配套服务等。如坪山中城生物医药产业园围绕"药厂上楼"，提供生产性废水处理站、蒸汽站等配套设施，解决园区内生物医药、医疗器械等企业配套需求；卫光生命科学园引入了市场监管局药品科、药品与医疗器械注册指导站、24 小时微税服务厅、各类重点实验室及专业技术平台机构，有效提高了企业科研到产业落地转化的效率。

三、南沙产业用房供给工作存在问题

目前，南沙提出"整租储备一批（30 万平方米）、加速在建一批（33 万平方米）、策划新建一批（772 万平方米）"的政策性产业用房供给工作，其中大部分在建（新建）产业用房项目符合"工业上楼"建筑形态特征。① 但相比深圳"工业上楼"开发模式，南沙存在补贴方式单一、财政效益不高、产业用房准入门槛高、建设运营缺少相关标准指引等问题。

（一）补贴政策：补贴方式单一，财政效益不高，缺乏后续市场化运作机制

政策性产业用房建设标准高，建设成本相比一般厂房高；同时，要求以低租金出租，承建方实施运营压力大。为保证项目能顺利实施落地，各地都出台扶持补贴政策平衡项目利益。南沙要求产业用房供给计划下的厂房租金不超过 25 元 / 平方米 / 月，并围绕厂房的新建、改造、租金、运营多个环节

---

① 如在建的南沙科创中心芯新产业园、南沙科创中心横沥生物医药产业园，及拟新建南沙科创中心生命健康产业园等 4 个高标准厂房项目。

对承建国企给予补贴，其中如新建、改造补贴按不高于 1 500 元 / 平方米、1 000 元 / 平方米水平给予补贴。深圳要求租金不超过 35 元 / 平方米 / 月，在政策支持方面，一方面如深圳龙岗对获得工业上楼园区认定的开发单位给予一次性 500 万元的建设补贴，另一方面规定城市更新类项目"工业上楼"可以"居住反哺工业"补贴方式，使得承建企业可通过售卖住宅实现项目"保本微利"。相比之下，南沙补贴方式单一，仅新建标准厂房一项需投入财政资金 115.8 亿元，导致财政支出压力剧增。

（二）产业准入：用房申请标准参照用地准入门槛，准入门槛高，与"工业上楼"打造全产业生态链理念相悖

南沙产业用房申请标准基本参照产业用地准入门槛，但产业用地供给标准高、要求严，适合实力雄厚的大企业、大项目拿地建厂，而如深圳等地的政策性产业用房申请标准低于产业用地准入门槛。以深圳龙华为例，产业用地申请仅面向重点企业，申请产业用地要求产值或营收不低于 5 亿元、纳税不低于 5 000 万元[①]，而产业用房可面向重点企业、成长型企业、优质企业三类企业，其中如成长型企业要求近三年平均产值（或营收）1 亿元或平均增加值 0.25 亿元以上，且三年平均纳税超过 1 000 万元、三年产值增长年均超过 20% 的企业及市级以上专精特新企业等[②]，明显低于产业用地标准。若准入门槛过高、过严，可能将位于产业链不同环节的高成长性中小企业拒之门外。

（三）建设运营：缺少"工业上楼"标准指引，缺乏专业化运营经验，可能存在新建产业空间与企业需求适配不足问题

"工业上楼"建设需注意产业空间供给与企业需求之间的适配问题，并非所有产业都适合上楼，也并非所有企业都愿意上楼。为应对此问题，深圳"工业上楼"在前期建设方面，出台相应的规范标准指引，如深圳

---

① 参考《龙华区工业及其他产业用地项目遴选办法》。
② 参考《龙华区工业上楼项目企业入驻管理实施细则（试行）》（征求意见稿）。

光明出台八大特色产业上楼的建筑设计标准，以提高新建厂房空间的适配性；在运营方面，将招商前置或与建设同步进行，强调定制化的厂房设计，最大程度匹配企业需求，如深圳宝龙智造园建设采用"定制化 + 预招商"模式，根据意向企业空间需求提前预留专门的设备空间。结合南沙2023 年新招商项目厂房载体需求情况，载体意向需求主要集中在首层，且部分特殊行业如商业航天产业入驻载体对于层高、承重有特殊要求。但南沙未有标准指引明确何种产业类型适合上楼及细化不同上楼产业的建筑设计指引等。目前，承接南沙政策性产业用房建设的开建、中交等国企较缺乏此类项目运营经验，可能存在新建产业空间与企业需求不适配问题。

四、对策建议

借鉴深圳经验，南沙系统谋划"工业上楼"实施路径，做好预期效果评估，做到政策指引全面细致、多元主体参与共建、项目布局错位协同，推动"工业上楼"成为南沙工业经济转型升级的重要抓手。

（一）建议系统谋划符合南沙区情的"工业上楼"模式

一是衔接产业用房供给工作，在标准厂房建设领导小组，增设专项工作小组，并轨推进"工业上楼"计划与高标准厂房供给计划。将高标准厂房供给工作下现有、在建（新建）符合"工业上楼"形态的项目统筹纳入"工业上楼"计划。系统梳理南沙"工业上楼"空间供给与企业需求匹配情况，确定未来"工业上楼"空间供给总量，制订"工业上楼"行动方案。二是提供资金筹措多元的政策扶持方式，制定可持续、市场可参与的项目运作机制。"工业上楼"计划租金可参考南沙产业用房供给计划 25 元 / 平方米 / 月。在政策扶持方面，参考《深圳市"工业上楼"项目审批实施方案》中"居住反哺工业"的方式，通过政策松绑，如可允许配比一定比例可售卖的住宅或配套项目或通过税收奖励、贷款贴息等间接补贴方式，让承建企业在规定项目内部收益率上限下可盈利，以激活社会投资活力。三是积极引导社会力量，鼓励合作开发多样化供给模式。"工业上楼"供给模式应充分发挥市场化力量。一方面，可引导社会资本分链条参与"工业上楼"项目，合作方式可以国有企业为主，设立混合股份制方式，或以政府为业主方，国有企业为代建方，民营企业为园区运营公司。针对项目前期"预招商""定制化"需求与后期专业化的产业服务等环节，引入如万洋、银星集团等有经验的专业运营团队。另一方面，可参考深圳"工业上楼"实施期做法，开发企业不限于国企，确定"工业上楼"项目申报机制，并可由具备相应资质的开发企业提出申请，给予一次性奖励，提供"低租金、高品质"政策性产业用房。四是挖掘低效存量空间，拓宽产业空间供给路径。南沙产业用房供给工作仍未充分利用城市更新、土地整备等方式。同时，南沙仍存在大量村集体厂房闲置情况，低效存量空间缺乏改造动力，需更主动介入引导，如可通过增加或奖励容积率，配建公共设施，减少土地贡献率等政策支持手段，调动集体用地入场积极性，拓宽以城市更新、土地整备为方式的"工业上楼"空间供给路径。

（二）围绕"工业上楼"，出台产业准入与建设标准指引

一是针对"工业上楼"计划出台产业准入标准，围绕产业链条，重点招引潜力型企业。"工业上楼"运营招商要转变引进"大项目"思路，适当降低产业用房申请门槛，应借鉴深圳宝龙专精特新产业园瞄准专精特新等潜力型企业经验，重点引入产业链上的中小微企业，塑造"上下楼即是上下游"的产业生态，将纳入"工业上楼"计划的产业用房参照"工业上楼"产业准入标准进行招商运营。二是出台"工业上楼"产业筛选指南、建筑设计指南，确保产业空间与企业需求精准匹配。参考深圳光明做法[1]，针对"工业上楼"出台上楼产业筛选指南，以辅助"工业上楼"项目招商及前期策划；进一步细化如当前南沙大力发展的生物医药、芯片制造等产业上楼的建筑设计标准，以辅助项目设计与建设，尽可能实现新建产业空间与企业需求的匹配。

---

[1]《深圳市光明区"工业上楼"建筑设计指南》《深圳市光明区特色产业园区建筑设计指南》。

（三）循序渐进推进"工业上楼"，统筹协调产业空间关系

一是根据市场需求循序渐进推进"工业上楼"计划。按照珠三角各地现有产业用房供给计划，未来可能造成供大于求问题。[①] 南沙 2025 年将统筹完成 835 万平方米产业用房供给，2023 年 7 月南沙在谈招商项目厂房载体需求面积仅 5.62 万平方米，同时鉴于当前南沙生物医药、人工智能、半导体等战略性新兴产业基础较为薄弱，未来能否消耗如此大规模的空间供给仍存在不确定性。建议设置动态化调整的"工业上楼"供给计划，综合考虑新招商项目需求，定期评估、调整供给计划，或实时根据市场需求循序渐进规划空间指标。二是进一步细化区分政策性产业空间与现有产业空间的细分领域及发展定位。政策性补贴带来的低租金可能对现有产业空间产生冲击，如目前广东医谷未纳入政策扶持，其租金将远高于补贴政策扶持下的南沙科创中心横沥生物医药产业园[②]，同时两者产业方向存在一定同质化问题，政策性补贴带来的租金水平差异，可能导致现有优质产业园外流。应统筹协调政策性产业空间与现有产业空间关系，如进一步细化南沙科创中心横沥生物医药产业园与广东医谷在生物医药产业方向上的细分领域及发展定位，避免区内同质化竞争。

---

① 深圳要求未来 5 年，每年新建 2 000 万平方米产业空间；珠海提出 2022—2023 年 2 年统筹建设 2 000 万平方米的产业空间；东莞确保 5 年内建设不少于 5 000 万平方米的高品质、低成本、快供给的产业空间。

② 广东医谷平均租金约 65 元 / 平方米 / 月，南沙补贴政策扶持下产业空间租金规定不高于 25 元 / 平方米 / 月。

Chapter
Four

第四章

推进港澳青年创新创业

把南沙打造成港澳青年湾区追梦的首选地

谢 伟

图 4-1　广州南沙粤港合作咨询委员会服务中心

创新创业平台的活力，迸发于青年的融合互促；新兴产业的欣欣向荣，发轫于人才的创新动力；城市气质的改变，源于青春的内涵注入城市基因。带着梦想和激情前来，港澳青年就会发现，自己并不孤单。因为，南沙是一座与青年同向的青春之城。

20 世纪 80 年代，霍英东先生率先提出开发南沙倡议，先后打造了 30 多个粤港澳合作示范项目。大湾区建设启动后，南沙被定位为粤港澳三大重大合作平台之一，成为内地与港澳沟通联系最紧密、合作成效最显著的区域之一。在香港回归祖国 25 周年前夕，《南沙方案》高规格出台，提出将南沙打造为"立足湾区、协同港澳、面向世界的重大战略性平台"，清晰勾勒出南沙发展的路线图、任务书和时间表，蕴含了习近平总书记、党中央的深刻战略考量，我们深受鼓舞、倍感振奋。"立足湾区"揭示了"站在哪里"。要紧紧围绕大湾区建设的中心目标和重大任务，站在大湾区"9+2"城市群来看南沙，充分发挥南沙自身优势，为推动大湾区打造我国高质量发展典范贡献南沙力量。"协同港澳"回答了"与谁合作"。南沙不是单枪匹马地面向世界，也不仅只与兄弟区、省内城市共谋发展，而是要着眼于支持港澳融入国家发展大局、增进港澳同胞福祉、保持港澳长期繁荣稳定，紧密携手港澳共商共建共享。"面向世界"回应了"看向何方"。南沙深化粤港澳全面合作要紧紧围绕我国构建新发展格局，着眼两个市场、两种资源，放眼世界，胸怀全球，实现高质量"引进来"和高水平"走出去"，增强大湾区高水平对外开放新优势。"重大战略性平台"就是要将南沙建设成为连接世界的桥梁和纽带，落实国家战略部署。南沙要不断集聚资源要素，提升全球资源配置能力，努力积攒参与国际合作和竞争的硬核实力，积极打造湾区之心、开放门户、未来之城。

大湾区正张开双臂拥抱世界，给港澳青年最好的时代机遇。南沙正用积极昂扬的姿态作答，释放青春"强磁力"。近年来，南沙全区上下形成共识，加大力度支持港澳青年创业就业，促进粤港澳青年广泛交往、全面交流、深度交融。一是"亲近青年"的港澳元素日新月异。不断完善以南沙为原点的大湾区"半小时交通圈"，在庆盛枢纽片区按照"校区—园区—社区"融合理念，规划建设港式国际化社区。港科大（广州）将于 2022 年 9 月正式开学，内地首个非营利性、采用香港学制的民心港人子弟学校也将同步开学。布局建设 7 所三甲医院，中山一院（南沙）已开业启用。二是"成就青年"的平台矩阵日益壮大。打造创享湾、创汇谷、粤港澳（国际）青年创新工场等港澳青创基地矩阵，入驻 697 个港澳青创团队。连续 7 年支持举办香港科大百万奖金（国际）创业大赛，吸引超 100 个项目落地南沙；"百企千人"实习计划累计吸纳超 2 000 名港澳青年学生；定向招录多名港澳青年在政府部门、法定机构、区属国企任职。三是"赋能青年"的政策体系日臻完善。发布奖补力度全国领先的港澳青创"新十条"措施，首创薪金补贴、职业资格和技术职称补贴、促进就业奖励、一卡走南沙等条款，以"真金白银"支持港澳青年双创。实施支持港澳青年来南沙"乐游、乐学、乐业、乐创、乐居"五乐行动计划，完善住宿、通勤、子女入托入学等政策配套和服务体系。打破"先征后返"程序，加快推进"港人港税、澳人澳税"政策落地。四是"凝聚青年"的桥梁纽带日趋坚实。成立南沙粤港合作咨询委员会，下设 14 个专项小组，引进 23 家香港商协会进驻，规划建设粤港澳青年交流活动总部基地，与 76 个爱国爱港爱澳的港澳青年社团、63 个商协会和行业协会、14 所重点院校达成长期战略合作关系，持续扩大"港澳朋友圈"。

创新是南沙发展律动的鲜明底色，开放是南沙活力奔涌的不竭源泉。我们将抓住《南沙方案》出台的重大历史机遇，增强助力港澳青年融入国家发展大局的责任感、紧迫感和使命感，充分发挥与港澳地缘相近、人缘相亲、文化同源等优势，以创新引领开放，主动服务港澳青年全面发展。

（一）做"优"服务，全链条完善政策支撑体系

南沙从就业、职场能力提升、安居置业、生活就医等方面构建全方位就业保障奖补政策，多措并举打消港澳青年在南沙就业生活顾虑。从企业落户、配套支持、场地租金、创业成长、投融资支持、青创基地运营等方面打造全新创业支持链条，为港澳青创项目提供全生命周期创业支撑，建设港澳青年"引进来""留得住""走出去"的综合服务窗口。

（二）做"精"品牌，全方位打造创业就业平台

南沙聚焦港澳青年创新创业需求，建成一批港澳青年创新创业示范基地和支持港澳青年发展全方位、"一站式"服务平台，培育出一批港澳青年创新创业优质项目，为推进港澳青年在大湾区创新创业作出示范。启动"湾区启梦"双创三年行动计划，高标准建设"创享湾"粤港澳青年交流合作创新示范品牌，构建集服务港澳青年创新创业、交流融合、法律服务、科创合作于一体的综合服务平台，集成打造港澳青创项目的"梦工场"和"服务站"。

（三）做"活"生态，全过程创设一流服务环境

精准聚焦关键"壁垒"和"痛点"，破解港澳青年来南沙发展的"瓶颈"，南沙构建一流湾区青年创新创业服务体系，全力打造错位发展、各具特色的青年创新创业基地矩阵，营造更加高效的市场准入环境，提供更加优质的政务服务，改善投融资环境，注重知识产权保护和应用，加强大湾区青年生活配套服务，高标准打造国际人才特区，成为港澳青年创新发展的启梦港、枢纽站、孵化园、集聚区。

（四）做"深"交流，全身心营造社会融合氛围

集聚港澳青年交流资源，依托广东省粤港澳青少年交流促进会等各类平台，南沙利用具有鸦片战争遗址、星海故里、岭南水乡文化、广府文化等独特的历史人文资源，建设一批粤港澳大湾区青少年爱国主义教育基地。加大宣传力度讲好港澳青年在南沙的故事，营造港澳青年在南沙创新创业浓厚氛围。鼓励港澳青年把个人发展融入国家发展大局，不断增强对祖国的认同感和凝聚力。

加快集聚港澳青年到南沙就业创业面临的问题及对策建议

练庆凤

图 4-2 2024 年粤港澳大学生实习计划启动活动

作为大湾区重大合作平台，南沙站在国家高度谋划做好港澳青年工作，近年来，针对港澳青年就业创业关键"壁垒"和"痛点"，南沙开展了较多的探索实践，成功吸引越来越多港澳青年集聚南沙，推动更深层次交往交融。但由于港澳青年工作受粤港澳三地政策、法律、经济制度差异的影响，涉及面广、事权层级高、协调难度大，南沙在港澳青创方面的深化改革创新已进入"瓶颈期"，迫切需要进一步梳理当前在集聚港澳青年到南沙就业创业方面面临的困难和挑战。为此，我们深入开展专题调查研究，掌握情况，研究问题，提出建议，使南沙全力以赴切实履行好《南沙方案》，赋予南沙建设港澳青年安居乐业新家园的使命任务，在广州做好全国青年发展型城市建设试点工作上体现南沙担当、做出南沙贡献。

一、南沙集聚港澳青年就业创业取得的成效

南沙从 2019 年开始出台有关支持政策，大力推动港澳青年到南沙就业创业，在拓宽就业渠道、优化创新创业孵化生态等方面促进港澳青年就业业，并取得了一定成效。2019 年至今，累计孵化港澳台青创团队（企业）763 家，较 2019 年增长 255%；港澳人员参保人数 1 032 人，较 2022 年增长 40%；建成港澳青年创新创业基地 13 家，较 2022 年增长 18.2%，具体见表 4-1。从港澳青创基地入驻企业及港澳（台侨）企业行业分布情况来看（见图 4-3），港澳青年在南沙创业较为热衷的行业主要集中在基础服务类和科技创新类，占比达 60%，与总体创业行业方向一致（两类占比约 68%）。

表 4-1 2019—2023 年港澳人员南沙就业创业情况

就业创业情况	2019 年	2020 年	2021 年	2022 年	2023 年
港澳人员参保人数 / 人	—	—	—	737	1 032
累计孵化港澳台青创团队（企业）数量 / 个	215	300	—	400	763
港澳企业数量 / 家	824	—	2 700	2 787	3 137
港澳青年创新创业基地 / 个	—	—	—	11	13

入驻企业（项目）各行业类型占比　　港澳（台侨）企业（项目）各行业类型占比

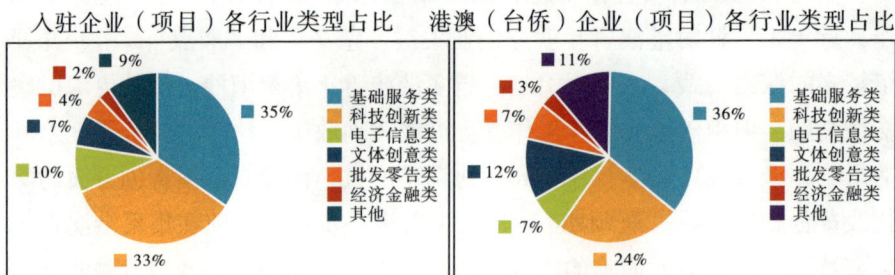

图 4-3　南沙港澳青创基地入驻企业及港澳（台侨）企业行业分布情况

二、南沙推动解决港澳青年就业创业重难点问题的探索实践

针对港澳青年就业创业关键"壁垒"和"痛点"，近年来南沙通过自己的探索实践走出一条新路子，并取得一定成效。

（一）针对港澳青年不想购买内地社保问题，南沙通过提供补贴优化服务，有效提升了港澳青年参保意愿

为鼓励港澳青年积极参保，降低就业创业成本，南沙对在区内就业创业的港澳青年给予每年最高 5 000 元医疗保险补贴，给予招聘录用 2 名及以上港澳青年的用人单位累计最高 20 万元的招聘录用奖励，且建设了"湾区社保通"实体专窗和网办专区，打造服务港澳青创社保专属"港澳一站式社保服务站"；在港科大（广州）校园内，工商银行服务点设立"社保易"银政服务站，并探索在香港设立内地社会保险服务网点等。截至 2023 年，南沙港澳参保人员已增至 900 余人。

（二）针对港澳青年就医用药体验不佳问题，南沙加快促进香港医疗模式的落地与衔接，切实提升港澳青年就医便利度

一是携手香港联合医务共建医疗联合体，依托市一医院—港澳居民健康服务中心、港式金牌全科门诊部，提供直通香港的远程会诊、跨境

转诊、互联网诊疗和保险理赔直付等港式医疗服务。截至 2023 年 9 月 24 日，港澳居民健康服务中心共接诊 259 人次，港式金牌全科门诊部共接诊 1 158 人次。二是以中山大学附属第一（南沙）医院、广州市第一人民医院南沙医院为试点，推动医院积极沟通对接国际保险机构，探索开展国际医疗保险直接结算服务，为港澳人士在南沙就医免除后顾之忧。

（三）针对港澳青年对赴内地发展心存疑虑、信心不足问题，南沙打造独特的共商共建管理新模式，有效改善了以往香港各界对南沙发展政策、发展环境"不知道"的情况

为提高南沙在港澳的知名度，搭建畅通的沟通桥梁，在省市的支持下，南沙 2021 年推动成立广州南沙粤港合作咨询委员会（以下简称"港咨委"），由全国政协副主席、香港前特首梁振英担任顾问，以 G2B[①] 为工作模式，通过南沙和香港双向对碰和沟通，率先在各领域形成行之有效的工作办法和做事规则，成功推进包括港科大（广州）、民心港人子弟学校、金牌全科门诊、港式国际化社区在内的多个重点项目落地南沙，集聚 30 家香港工商专业机构，推动共享基金会等近 10 家机构在南沙设立代表处或派员常驻办公，有力推动了粤港全面合作。该模式入选广东省推进粤港澳大湾区规则衔接机制对接典型案例，并获国务院充分肯定。

（四）针对城市吸引力不足问题，南沙从交流、实习、就业、创业、落实税收优惠等方面打造港澳青年湾区筑梦首选地，吸引了更多港澳青年来到南沙、留在南沙

一是通过交流让更多港澳青年了解南沙，构建深广的粤港澳交流活动机制，累计与 76 个港澳青年社团、47 个商协会、16 个行业协会、14 所重点院校达成长期战略合作关系，2023 年累计开展各类粤港澳青年交流活动逾 400 场。二是通过实习和就业让更多港澳青年来到南沙，推进港澳青年学生"百企千人"实习计划，累计吸纳超 2 000 名港澳青年学生来南沙

---

① 指政府（Government）对企业（Business）。

实习；制定出台港澳青创"新十条"等多项政策，给予南沙就业的港澳青年一次性最高 12 万元的就业奖励和每月最高 5 000 元的薪金补贴；积极开发专属于港澳青年的就业岗位 135 个。三是通过搭建优实的平台让更多港澳青年创业，南沙打造以创享湾为龙头的港澳青创基地矩阵，共汇聚港澳台侨青创基地 13 家，累计入驻企业（项目）1 399 个，带动就业 4 000 余人。四是通过落实税收优惠政策进一步吸引和便利港澳居民在南沙工作生活，创新搭建港澳居民税惠快享"规则转换桥"。截至 2023 年年底，已有 500 余名港澳居民办理并享受优惠，减免税额约 4 000 万元。

三、持续深化港澳青创工作面临的困难和挑战

由于港澳青年工作受粤港澳三地政策、法律、经济制度差异的影响，涉及面广、事权层级高、协调难度大，因此，虽然南沙港澳青创工作取得了一定成效，但要持续深化港澳青创工作仍面临不少困难。

（一）规则衔接机制对接事项多，涉及省市各级部门广，区级层面纵深推进改革创新空间小

规则衔接和机制对接是粤港澳大湾区建设的重点与难点之一，也是落实解决港澳青年就业创业困难的关键"壁垒"和"痛点"。深圳通过向中央争取概括授权，在跨境商事纠纷多元解纷机制改革、医疗服务跨境衔接、深港两地金融深度融合发展、境外专业人才便利执业等方面取得显著成效。相比较而言，南沙与港澳在体制机制、要素流动、发展质量、产业体系等方面还存在较大差距，应加快推动在法律服务、金融服务、科技创新、服务贸易和投资便利化等重点领域相关规则的顺畅衔接，做好配套改革，亟须中央和省有关部门支持。中央和省有关部门赋予南沙更多事权，推动规则衔接机制对接在南沙走深、走实、走细，使南沙建设成为粤港澳全面合作的重要平台。

（二）公共服务衔接有待进一步落细落实，就业创业便利度仍需提升

一是政务服务衔接细节仍需改进提升，如广州市开办企业一网通平台，港澳籍人员无法刷脸认证，影响港澳青年业务办理。二是就业配套管理有待进一步完善创新，如在体制内就业的港澳籍人员因无个人人事档案，遇晋升、组织考察等需要查档的时候，存在调取、查阅个人档案困难的情况。此外，按照干部管理要求，部分任职青年回乡探亲需办理出入境审批手续，手续烦琐且审批时间较长，对其生活工作造成较大不便。三是金融服务障碍仍较多，如港澳青年创办公司经营范围受限，跨境资金流动不畅，融资贷款难，个人申请信用卡、贷款存在限制等。

（三）港澳青年在南沙生活的便利度仍需提升，需加强统筹协调，重点聚焦医疗交通等领域，提升港澳青年在南沙的生活便利度

深圳早在 2021 年出台了《关于加快推动医疗服务跨境衔接的若干措施》，从市级层面促进港澳医疗卫生资源跨境流动，让香港居民在深便捷就医，且在 2023 年 8 月 30 日上线发布"深港一卡通"，并联合深港集团推出"深港一票通"，联合支付宝推出"一码通"，为深港居民提供深圳公交地铁、跨境巴士、香港公交地铁无缝对接的一体化出行服务。相比之下，在就医方面，南沙港澳居民健康服务中心、港式金牌全科门诊部及其平台规模与深圳尚有差距，且在推动港澳医疗卫生资源跨境流动方面遇到不同程度的障碍，如纳入香港公费医疗的异地结算单位需香港特区政府批准且批准进展缓慢，非急危重症病人跨境转运需在口岸接驳，香港医生和护士来南沙执业注册仍不便捷且费用较高等。在交通方面，目前广州与港澳港铁、重铁①、公交等公共交通网络扫码仍未实现互联互认，同时广深港高铁南沙庆盛站至香港西九龙站的列车存在费用高、班次少、发车时间设置与需求不匹配等问题。

---

① 指港铁市区线。

四、加快集聚港澳青年到南沙就业创业的政策建议

（一）加强与上级部门的交流，有效衔接好相关工作，推动在南沙建立港澳创业就业试验区

一是主动与国家及省、市有关部门沟通对接，有效衔接好相关工作，积极争取上级支持，在解决港澳青年就业创业难题上形成合力。二是加快推动《粤港澳大湾区发展规划纲要》《南沙方案》中在南沙建立港澳创业就业试验区的任务，聚焦打造规则衔接机制对接高地的目标，推动在南沙建立港澳创业就业试验区，集中试行与港澳相衔接的配套公共服务政策；同时建立穗港澳三地政府互派公务员挂职机制，推动穗港澳在公共服务、社会管理等方面彼此学习，促进更为先进、成熟的管理方式与机制，在大湾区范畴内首先同频同步。三是争取出台有关政策或措施全力推进《南沙方案》卫生健康领域重点任务，加快推动将"白名单"内的南沙医疗机构纳入香港医疗费用异地结算单位等事项落地落实。四是加强与港澳的交通衔接，推进实现"一票式"联程和"一卡通"服务，进一步优化广深港高铁庆盛站经停班次，探索推出通勤月票卡、套票卡等。

（二）大力引进港澳成熟业态，为港澳青年发挥所长搭建舞台

一是将产业优惠政策推广至更多港澳传统优势产业，撬动港澳文创力量积极参与南沙、广州乃至大湾区的文化建设，同时在面向港澳项目的赛事中增加文创赛道。二是以"港澳专业服务＋港澳商业""港澳孵化＋湾区转化"吸引港澳青年创业，引进集香港购物、饮食、娱乐等消费服务于一体的全产业链模式，以"港资建设、港企运营、港人收益"为原则，建设粤港国际购物中心、粤港美食文化街等载体，提供具有港式元素的体验式优质服务。三是依托南沙中国企业"走出去"综合服务基地、保险服务中心、航运联合交易所等重大平台，招引优质企业和香港生产力促进局、香港检测和认证局、香港律师事务所等专业服务公司设立分支机构，鼓励港澳涉税专业人士在南沙执业。四是在高端服务、智能制造等重点领域布局

建设合作高水平研究院 ①，推动港研项目在南沙落地，吸引港澳青年参与成果转化项目。

（三）建立精准专业港澳青年就业创业服务体系，全力建设以粤港澳青年共融共创为特色的青年发展型城市示范区

一是优化港澳青年创新创业矩阵，促进青创基地特色化发展，围绕文化创意、生物医药、人工智能、先进制造、电子信息等领域，培育一批契合南沙产业发展方向、专业能力突出、孵化成效显著的标杆基地。二是深入实施港澳青年学生南沙"百企千人"等各类实习计划，多渠道拓展港澳青年就业机会，健全区域公共就业服务体系，吸引更多港澳青年到南沙就业。三是以粤港澳青少年交流活动总部基地为抓手，构建"1+5+N"② 工作体系，整合各类资源集中赋能，为粤港澳青年提供"一站式"服务。

（四）稳步构建高效精准的宣传交流渠道

一是强化港咨委、广州南沙粤港合作咨询委员会服务中心（以下简称"咨委会服务中心"）、港澳商协会之家集聚港澳（国际）机构资源的作用，持续完善南沙与港澳（国际）各界沟通对话、联系互动、交流合作、宣传推介等的重要机制和平台，并用城市营销方法塑造南沙形象，用互联网思维宣传导流，提升港澳青年与南沙的交往密度，把好的政策用出实效。二是与港澳特区政府部门、高校、金融机构、创新园区、专业服务行业组织、社团组织等青年集聚度高的机构和组织深度合作，深入了解港澳青年发展动态，开展常态化、精准化的青年人才需求调研，不断提高南沙在港澳的知晓度、影响力。

---

① 高水平研究院目前有省级高水平创新研究院、广州市高水平企业研究院，这些需要申报认定。
② 指 1 个矩阵体系、5 个主体基地、N 个拓展基地。

汇聚合力高质量推动南沙港澳青年创业就业平台建设

练庆凤　葛志专

图 4-4　南沙创汇谷—香港青创空间

党的二十大报告指出，全党要把青年工作作为战略性工作来抓。习近平总书记和党中央历来高度重视和关爱港澳青年。《南沙方案》特别提出"创建青年创业就业合作平台"重大任务，这也是《粤港澳大湾区发展规划纲要》颁布实施以来，首个把支持港澳青年创业就业工作作为重大任务的国家级文件，首次从国家层面明确了今后两个阶段支持港澳青年发展的目标和主要工作。促进港澳青年融入祖国是当前阶段开展港澳青年工作的首要目的，广州作为推进落实《南沙方案》的主体，更加需要从大局出发，统筹力量，集中精力高质量推动南沙港澳青年创业就业平台建设。

一、开展港澳青年工作的新形势、新要求

（一）《南沙方案》青年工作是落实习近平总书记和党中央决策的具体实践

习近平总书记和党中央历来高度重视与关爱青年。党的十九大报告指出，全党要关心和爱护青年，为他们实现人生出彩搭建舞台。党的二十大报告指出，全党要把青年工作作为战略性工作来抓，用党的科学理论武装青年，用党的初心使命感召青年。习近平总书记指出"港澳青年发展得好，香港、澳门就会发展得好，国家就会发展得好""要特别关心关爱青年人……要帮助广大青年解决学业、就业、创业、置业面临的实际困难，为他们成长成才创造更多机会"。《南沙方案》特别提出"创建青年创业就业合作平台"是南沙建设的五大任务之一。这是南沙发挥国家战略性平台功能，全面深化粤港澳合作，担当使命、履行职责，落实习近平总书记和党中央决策的具体实践。

（二）促进港澳青年融入祖国是当前阶段开展港澳青年工作的首要目的

港澳青年既是香港、澳门的希望和未来，也是建设国家的新鲜血液。这就务必要求我们从国家发展的战略高度、全局工作看待港澳青年工作。长期以来，受西方势力、西方政治、西方文化、西方教育等的影响渗透，

许多港澳青年虽教育学历素质比较高，但思想意识形态、人生观、价值观和世界观与上一辈相比已经发生很大的改变，特别是长期未能补上国情教育这一课，具备国家观念、香港情怀和国际视野的新一代尚未形成庞大基础的中坚力量。《中华人民共和国国家安全法》实施以来，虽反中乱港、煽惑公众等极端现象得以平息，局面迅速好转，但从思想上、基础端、全面地实现广大港澳青年与内地青年一样坚定不移听党话、跟党走，深度参与建设社会主义现代化国家的火热实践还有不少的路要走。我们必须要清醒认识到当前阶段开展港澳青年工作的首要目标依然是促进绝大多数的港澳青年能够融入祖国发展中，为国家和香港做贡献。这也就必然需要长期谋划，持续投入大量资源，在广大港澳青年融入过程中多帮助、多搭梯。《南沙方案》提出"创建青年创业就业合作平台"即是重要方式和手段，其根本目的仍然是促使港澳青年融入祖国发展大局。

（三）更加强调省市职责，突出广州市作为推进落实青年工作的责任主体

青年是最活跃的群体，是创新创业活动的主要力量。港澳青年在内地创新创业就业涉及经济社会多个方面，既是市场化行为，也涉及民生、文化、公共服务等各方面，还涉及发挥"两制"之利以及两个市场规则的对接衔接，几乎可以成为代表对接港澳、衔接国际规则的试验场或衡量粤港澳全面深化合作成效的示范领域，这必然需要粤港澳三地各级政府、社会各界的广泛参与和强有力推动，乃至中央政府的支持。广州作为粤港澳大湾区核心引擎城市之一，以往这项工作主要是由广州市统筹领导。各区作为主要推动者和实际建设者，都建有港澳（台）青年创新创业基地，但投入资源和力量差异较大、效果不一。《南沙方案》特别明确广东省要与港澳加强沟通协调，广州市要落实主体责任，这也是国家层面首次明确该项工作的推动主体，为更加高质量、高水平推动粤港澳全面合作奠定强有力的组织保障。

（四）首次从国家层面明确了今后两个阶段支持港澳青年发展的目标和任务

《南沙方案》强调要高标准、高水平规划、建设和管理，整体谋划、分步实施。港澳青年融入祖国发展大局必然需要经历从认同到融合再到可持续发展的过程。促进港澳青年创新创业涉及的领域极为广泛，创建青年创业就业合作平台是一项民心工程、系统工程、长期工程。《南沙方案》提出了至 2025 年、2035 年两阶段目标，针对港澳青年工作目标为"到 2025 年，青年创业就业合作水平进一步提升，教育、医疗等优质公共资源加速集聚，成为港澳青年安居乐业的新家园；到 2035 年，生产生活环境日臻完善，公共服务达到世界先进水平，区域内港澳居民数量显著提升"，并且提出了协同推进青年创新创业、提升实习就业保障水平、加强青少年人文交流三项具体任务。这也是首次从国家层面具体、明确地提出港澳青年工作的发展目标和重点任务，对于广州中长期内分阶段开展好港澳青年工作，促进南沙粤港澳全面合作示范区建设具有直接的指导意义，指明了努力方向和发展重点。

二、南沙港澳青年创业就业平台建设成效

（一）港澳青年创新创业生态圈初具雏形

一是构建起有影响力的青创基地矩阵。以打造"创享湾"平台建设为引领，建设了 13 个港澳青年创新创业基地（见表 4-2），其中省级基地 2 个（占全市 22％）、市级基地 5 个（占全市 16%）。持续完善平台功能，为港澳青年提供对接港澳法律、内地从业执业、场地及设施设备供给、市场对接、金融服务等低成本、便利化、全要素、开放式的创业服务支持。截至 2024 年 1 月底，13 个创新创业基地累计孵化港澳项目 697 个。二是协同港澳助力青年"走进"南沙。南沙加强与香港生产力促进局、香港数码港、香港科技园等机构的合作，借助启迪之星（深圳）科技企业孵化器有限公司等国内外知名孵化器资源链接及导入优势，进一步促进人才聚集，助力青创基地项目引进。三是"双创"赛事品牌知名度、集聚效应显

著。创新工场于 2016 年开始承办香港科大百万奖金（国际）创业大赛，现全国共有 8 个分赛区，承办以来共吸引全国超过 6 600 个参赛团队参与角逐，其中来自香港、澳门赛区（港澳特邀分赛场）的团队超过 1 000 个，超过 100 个港澳创业项目和团队通过赛事平台入驻南沙，赛事品牌集聚效应明显。

表 4-2　南沙 13 个已运营的港澳青年创新创业平台建设情况 ①

序号	基地名称	累计孵化港澳项目数量
1	创享湾 TIMETABLE 粤港澳创新创业基地	45
2	新华港澳国际青创中心（南沙）	68
3	G-Rocket 高诺国际加速器南沙基地	61
4	粤澳国际产业融合发展青创基地（南沙）	53
5	创享湾专创国际青年社区	56
6	印象·澳门特色餐饮孵化基地（南沙）	13
7	明珠金融科创中心	43
8	广东医谷（南沙）产业孵化器	9
9	粤港澳（国际）青年创新工场	70
10	"创汇谷"粤港澳青年文创社区	191
11	粤港澳（南沙城）国际青创社区	91
12	南沙乐天云谷青创基地	3
13	南沙优创智谷港澳青创基地	11
	合计	714

① 数据来源：南沙区委统战部。

（二）港澳青年实习就业保障水平持续提升

一是积极推动港澳青年来南沙实习和就业。做实做新港澳青年学生南沙"百企千人"实习计划，创新性开展港澳应届毕业生"职场菁英"就业见习计划。"百企千人"实习计划自 2016 年以来累计吸纳超 2 000 名港澳青年学生完成实习。"职场菁英"就业见习计划在事业单位、法定机构、南沙区属国企试点开展，面向港澳青年的就业岗位超 100 个，累计吸引超 200 名港澳青年报名参与，促成 13 名港澳青年在南沙就业。同时先行先试，定向招录 15 名港澳青年在政府部门、法定机构、区属国企任职。二是积极服务港澳青年融入南沙。住房保障方面，打造港澳青年专属的"港澳新青寓"，全国首创推出使用住房公积金按月付房租的政策，为前来南沙就业的港澳青年提供"省心"长租服务和"贴心"短租服务。公共服务便利化方面，首创"港澳青年人才卡"，拥有此卡的港澳青年享受南沙人才卡体系内容的绿色通道服务，如停居留、住房、子女入学、就医等生活保障服务，逐渐实现"一卡走南沙"。金融支持方面，推动银行等金融服务机构积极开发针对港澳青年的"青创贷""房达通"等金融服务和产品，为港澳青年南沙创业和置业提供金融支持。

（三）交流合作机制更加紧密

南沙先后推动成立了南沙区涉港澳事务工作领导小组、港咨委、广州南沙港澳合作促进中心，并搭建了咨委会服务中心、广州南沙新区香港服务中心两个实体合作平台，形成了常态化交流合作机制。其中港咨委由梁振英担任顾问，是香港咨询委员会运作模式在内地的首次尝试，也是内地首个实体化运作并服务内地和香港的专业平台，为穗港深化合作增添新动力，有力彰显了南沙在粤港澳大湾区一体化发展中的示范带动作用。同时，南沙推动广东省粤港澳青少年交流促进会落户，成立粤港澳三地青年组建的广州市南沙区港澳青年五乐服务中心，累计与 76 个港澳青年社团、47 个商协会、16 个行业协会、14 所重点院校达成长期战略合作关系，常态化开展各类粤港澳青少年人文交流活动超 760 场次，覆盖青少年超 5.2 万人次。

（四）政策支持力度持续加大

《粤港澳大湾区发展规划纲要》实施以来，南沙从多个方面持续加大港澳青年支持力度，2019 年南沙出台《广州南沙新区（自贸片区）鼓励支持港澳青年创新创业实施办法（试行）》（原 30 条）；在《南沙方案》出台后，又迅速推出青年创业就业"四个一"①，逐步构建普惠性更强、覆盖面更广、扶持力度更大的港澳青年政策体系，就港澳青年的所思、所盼、所忧、所急，从顶层设计到政策保障再到具体落实，形成更加有效的体制机制，为港澳青年在南沙创业就业赋予最强动能。其中港澳青创"新十条"奖补力度更是全国领先，单个在南沙就业的港澳青年 3 年最高可获 51.5 万元奖补资金，单家在南沙创办的港澳青创企业 3 年最高可享受 450 万元奖补资金。

三、南沙港澳青年创业就业平台建设面临的挑战与问题

（一）穗港综合功能差距仍较大，南沙吸引力还不够强大，品牌知晓度不高，三地协同力度有待加强

城市综合实力决定了城市对先进要素的吸引力。香港是国际金融中心、国际贸易中心城市、国际航运中心，营商环境长期位居世界前列，城市的综合功能与竞争力远高于广州，对全球人才包括青年人才的吸引力仍然强劲。绝大多数的香港青年仍然选择在香港就学、创业、创新、置业或前往英美等西方发达国家继续深造。疫情形势趋稳以来，香港失业率明显下降，2022 年第二季度失业率降低至 3.9%（15.53 万人），就业人员收入中位数达到 18 100 元 / 月，并以从事金融、保险、地产、专业及商用服务、公共行政、社会及个人服务等为主（具体见表 4-3、表 4-4）。相较

---

① "四个一"即出台一项支持政策（《广州南沙新区（自贸片区）支持港澳青年创业就业"新十条"措施》），构建一个服务体系（《广州南沙新区构建一流湾区青年创新创业服务体系工作方案》），启动一个双创计划（《广州南沙新区支持港澳青年发展"湾区启梦"双创三年行动计划（2022—2024 年）实施方案》），打造一个示范基地（《"创享湾"港澳合作交流示范基地建设工作方案》）。

之下，南沙对港澳青年的吸引力、影响力还处于蓄积阶段，且与港澳协同力度相对不足，在新兴产业领域合作亮点相对较少。即便已出台多项惠港惠澳政策和打造了平台载体，港澳与南沙之间信息传递渠道仍然偏窄，宣传范围多局限在内地，青年群体最集中的香港各大高校对南沙支持青年发展的知晓度还不够广泛。再叠加近年来疫情的影响，各类创新创业交流、赴港澳地区宣传推介、交流实习等以往可开展的活动基本处于停滞状态，人员流动急剧下降。香港 200 多万的中青年群体还没有形成较大规模前往南沙的局面，迄今在穗的全部港籍人员仅约 3 万人，且主要常住于中心城区。当前在南沙的港澳青年主要是"港二代""澳二代"或原籍为内地、现籍为港澳的中青年，创业创新主体的"老面孔"比较多、"新面孔"比较少，港澳青年的"增量"人员有限。总的来说，可以看出城市的总体竞争力和城市发展环境远比单项政策、局部支持要更具有吸引力，南沙仍需着力于提高城市综合实力，持续优化营商环境，以提高对港澳青年的吸引力。

表 4-3 2022 年第二季度香港就业人员行业分布状况

单位:%

	制造业	建造业	进出口贸易及批发	零售、住宿及膳食服务	运输、仓库、邮政及速递服务、咨询及通信	金融、保险、地产、专业及商用服务	公共行政、社会及个人服务	其他行业
15～24 岁	0.17	1.03	0.46	3.86	1.75	3.11	4.89	0.09
25～39 岁	2.06	9.82	8.37	16.14	13.68	28.09	44.11	0.84
≥40 岁	6.60	21.96	22.26	31.18	25.15	50.73	59.28	1.55
小计	8.83	32.81	31.09	51.18	40.58	81.93	108.28	2.48

表 4-4　按教育程度划分的就业人士每月就业收入中位数 ①

单位：元

	小学及以下	初中	高中	专上教育	专上教育：文凭 / 证书	专上教育：副学位	专上教育：学位	合计
2021 年第一季度	10 400	13 000	15 000	29 800	19 000	20 000	31 500	18 000
2021 年第二季度	11 000	13 500	15 000	28 000	19 000	20 000	31 000	18 000
2022 年第一季度	11 000	14 000	15 100	30 000	20 000	20 000	33 000	18 800
2022 年第二季度	11 000	14 000	15 000	30 000	19 400	20 000	33 400	18 100

（二）大湾区内部互相竞争、联动不足、平台同质化经营，全市港澳青创资源分散，合力建设南沙的力度有待凝聚

一方面，自《粤港澳大湾区发展规划纲要》实施以来，粤港澳大湾区珠三角 9 个城市都陆续推出了支持港澳人士来本地发展的相关政策，但各城市支持政策类型多样、力度不一、互不相通、联动不足，缺乏相应的统筹管理、监督考核机制，实际上形成了互相竞争格局。特别是深圳以前海为集聚区，珠海以横琴为集聚区，发挥地理毗邻优势，高水平打造了针对港澳青年发展的特别性平台或功能区域，导致大湾区城市内部之间形成了对港澳青年这一群体的竞争态势。同时，各城市港澳青年创新创业基地（平台）定位同质化，多是以科技项目为引进导向，且部分平台"招租"现象明显。外部竞争以及内部潜在优势尚未充分发挥，在一定程度上抑制了南沙的吸引力，这也导致部分港澳青年不只在广州一个城市开展经营、

---

① 数据来源：香港统计局，截至 2022 年 10 月。此组数据包括外籍家庭佣工。

享受优惠政策，甚或在其他辖区、大湾区其他城市同时享受优惠政策。另一方面，广州港澳青年创新创业平台在全市 11 个区均有布局，各区遍地开花，平台投入资源分散、低效现象明显，并直接与各区的经济实力相关，天河、黄埔投入领先，其他区则差异较大，对各类基地缺乏评估考核，统筹力度不够。截至 2022 年 5 月，广州市建成港澳台青年创新创业基地 55 个，但港澳台元素显著不足，约四分之三的基地管理和运营都并非港澳台人士，而主要是内地人员，部分平台甚至一个港澳台人员或港澳台项目都没有，场地空间空置率很高，甚至出现了一个项目"挂靠"两个或多个基地的现象。南沙作为粤港澳全面合作示范区，港澳青年平台建设主要依靠本区的资源和力量，全市及各区支持南沙、合力建设南沙的局面尚未形成，且部分项目仅以南沙为注册地，再前往其他区或周边城市多次享受优惠政策。

（三）平台专业服务能力不足，创新创业生态仍需进一步优化

创新创业活动需要相应的生态体系予以支撑，如人才团队、市场需求、技术合作、金融支持、创新组织、创新氛围、产业（链）合作以及法律法规等支撑条件，而目前南沙港澳台青年创新创业基地运营管理团队中港澳台人士较少，缺乏具有港澳台背景或服务港澳台创业项目经验的创业导师团队（见表 4-5）。大部分基地主要提供办公场地、工商财税、创业交流等基本服务，同质性较强，难以从产品、技术、产业和市场资源等对在孵港澳台项目进行持续帮助。反映强烈的问题主要包括通关还不便利，证件多头且信息不共享，企业设立以及跨境资金流动不畅，融资贷款难，港澳台初创企业在商事登记、银行开户以及财税法律等方面程序复杂，参与政府采购面临限制，创办公司经营范围受限，招聘难，缺乏国际化的涉外财务中介，网络资讯获取不便，政策门槛高且有效期短等 12 个现实问题。总的来说，当前南沙在支持港澳台青年乃至内地青年创新创业方面的生态尚在不断完善中，仍需进一步优化。

表 4-5　广州港澳台青年创新创业基地建设运营情况

分布情况	截至 2022 年 5 月，广州市 11 个行政区共有 55 个港澳台青年创新创业基地。其中，越秀区 2 个、海珠区 4 个、荔湾区 3 个、天河区 12 个、白云区 4 个、黄埔区 6 个、花都区 3 个、番禺区 8 个、南沙区 11 个、从化区 1 个、增城区 1 个
运营情况	所有基地的运营团队中，港澳台人数平均占比不到四分之一。76% 基地的运营团队中港澳台人士占比 50% 以下；16% 基地参与管理运营的港澳台人员数量为 0；8% 基地的运营团队港澳台人员数量占比超过一半
经营方向	主要是科创、互联网项目。同质化现象显著
项目运转	基地入驻项目创始人以"富二代""创二代"或者"出口转内销"港澳台青年为主，"草根型"的初创项目并不多。初创项目的存活率低

四、高质量建设创业就业平台的对策建议

（一）统筹构建以南沙为中心枢纽、以全市为节点支撑的功能格局

履行广州市主体责任，高质量落实好国家战略要求，一是加强对全市港澳青年创新创业平台和政策的统筹布局，规范发展当前各区资源不均衡、统筹难度大、实际效果较低、发展质量不够高的各类基地或平台。二是构建以南沙为中心枢纽、全市多点支撑的平台空间布局网络，整合全市力量、集中优质资源，以聚焦港澳青年发展为目标，在南沙打造出一个开放力度大、承载能力强、支持政策足、发展环境优，在全国乃至全球海外华人中都有较强影响力的示范基地或青年发展区。三是在政策覆盖方面，以服务港澳青年人员为根本，允许南沙港澳青年项目在广州范围内均可享受相关政策，融入广州及内地市场，延伸相关政策至全市现有各基地，各基地以落实政策、做好服务和促进交流为主要功能，严禁恶性竞争、发展"租赁"经济。

（二）扩增量、优存量，把实习、就业、交流作为重要突破口

创新创业风险大、成功率低，也并非港澳青年热衷的方向，应更加突出以升学、就业、交流为主导，把促进港澳青年来广州南沙实习、就业、交流作为当前阶段提升增量的主要突破口。一是加快研究落实好就业政策。研究好国民待遇如何落实或者落实到何种程度，扩大优质的就业实习岗位，要加快对接好就业许可、资质认证、行业互认、学历认同等方面，特别是对于港澳青年、高校毕业生擅长或热门的专业服务、文化创意等行业，要优先逐行逐业的对接。二是要提高宣传实效。升级传统的交流渠道，广泛建立适应新时代新发展阶段的交流合作渠道和机制，推动各部门、各区、本土高校、社团、社区、各类组织、企业有针对性地与港澳同行对接，要在港澳青年喜闻乐见的主流介质、主流媒体、主流场所、主流活动中做好推广吸引工作，把好的政策用出实效。

（三）协同港澳、联动湾区，共建有序高效的服务青年发展格局

南沙机遇即是全省机遇，广州要紧密围绕粤港澳大湾区建设和《南沙方案》实施的相关要求，积极争取广东省全方位支持，联合港澳制订青年发展规划，共同服务港澳青年发展需求，制定整体青年发展蓝图愿景与政策支持体系，明确城市分工，设定具体发展和政策目标，对港澳青年的创新、创业、就业、教育、生活、心理、社会参与、文化融合等各个方面予以通盘考虑，加强城市间青年双向交流，增进港澳青年文化认同。高水平建设大湾区青年人才发展平台、港澳青年创新创业服务平台网络。构建精准高效的联动合作机制，推动政策协同，因应香港特区政府成立青年事务局并设立青年发展基金，推出"粤港澳大湾区创新创业基地体验资助计划"及"粤港澳大湾区青年创业资助计划"等行动，迅即明确对接港澳的港澳青年服务工作执行和管理机制。深化大湾区城市联动，在全省统筹下，树立网络化、服务化的观念，打破各城市封闭式、竞争式的"揽人"行为。

（四）进一步优先解决经营困难，畅通创新创业生态堵点

以港澳青年近年来创新创业中遇到的实际难题为切入口，加快倒逼与港澳规则衔接、机制对接，畅通港澳青年及市场主体前来南沙的市场环境。一是多渠道助力解决融资难问题。允许穗港澳三地银行、天使投资人、私募基金、融资担保公司、证券公司、证券交易所等机构为港澳青年提供融资服务，大幅放宽资金进出和账户设立等方面的约束，逐步提供与香港同等自由开放的金融服务。争取中资银行协同在港分支机构支持，对在南沙自贸片区及同类区域注册且开展实际经营业务的港澳企业放宽跨境资金额度、交易频率及缩短周期；鼓励金融机构采用依据企业经营大数据和征信数据的新型贷款方式；鼓励市产投基金联合社会资本创建天使创投资金，投资富有潜力的创新项目；设立港澳青年创新创业专项资金，落实财政补贴与税收优惠政策。二是面向港澳青年创新创业基地、创业孵化机构、创投机构，做好《中国（广东）自由贸易试验区广州南沙新区片区合格境外有限合伙人（QFLP）境内投资试点管理暂行办法》等政策的推介解读，吸引港方及境外资本资源集聚南沙，为粤港澳大湾区跨境资本双向流动和金融市场互联互通拓展新渠道、注入新活力。三是进一步提升港澳青年市民待遇、员工招聘、社会融入等方面的保障水平，为港澳青年在南沙的创业项目配备创业导师，对青年群体进行创业培训和指导。四是进一步做好政策兑现。在政策细则制定方面，应明确责任落实单位和政策落实落地路径，进一步简化申请流程，缩短受理办理时限，减少不必要的证明材料，提供渠道、窗口或线上平台便利申请人提交申请资料。做好政策实施效果评估，定期通报政策奖补资金申报、发放情况，及时查找政策兑现落实难点堵点，持续完善兑现细则。

（五）整合力量，打造强领导、专业化、复合型的港澳青年服务队伍

研究实施"链长制"或成立相应的法定机构，加快改革当前政出多门、多级推动、资源分散、合力不足、缺乏考核监督的现状。围绕覆盖创新创业全链条、各环节，以南沙为中心，整合全市现有各基地人员，市政

府部门牵头构建具备招商、引人、育才、服务、管理、交流能力的专业化队伍，构建富有实效的引人机制和组织，发挥好广州市工商联、南沙国际人才港、广东省粤港澳青少年交流促进会、穗港澳商会沟通中心等平台的组织作用，促进粤港澳三地商协会开展富有实效、更有针对性的沟通合作，吸引港澳人力资源专业运营管理和服务团队，鼓励国内外知名人力资本企业进入南沙开展业务，在南沙及各基地设置港澳青创首席服务官，建设专业化港澳青创基地，培养和引进专业投资机构，优化法律咨询和培训服务，为穗港澳各界参与推动港澳青年交流融合提供平台支撑。与港澳特区政府部门、青年事务局、高校、金融机构、创新园区、专业服务行业组织、社团组织等青年集聚度高的机构和组织深度合作，深入了解港澳青年发展动态，开展常态化、精准化的青年人才需求调研，不断提高南沙在港澳的知晓度、影响力。

搭建高品质双创环境
推动南沙创建青年创业就业合作平台

暨南大学中国（广东）自由贸易试验区研究院课题组

图 4-5　创享湾 TIMETABLE 粤港澳创新创业基地

"创建青年创业就业合作平台"既是《南沙方案》明确赋予南沙的重大使命，同时也是纵深推进新阶段粤港澳大湾区建设的重要一环。聚焦港澳青年创新创业服务需求，南沙要大力建设支持港澳青年发展的全方位一站式服务平台，提供一流载体空间"硬环境"，营造优质服务"软环境"，着力打造具有南沙特色的有利于港澳青年创新创业的长效机制和环境，努力将南沙打造成为港澳青年湾区创新创业的首选地和全面融入国家的中转站。

一、巨大机遇

（一）港澳青年融入粤港澳大湾区建设的政策利好逐步释放

港澳青年既是粤港澳大湾区建设的重要力量，也是引领大湾区经济社会创新发展的生力军。伴随着大湾区发展的时代浪潮，越来越多的港澳青年主动选择在大湾区内地城市干事创业、逐梦未来。粤港澳三地加快出台了一系列规则衔接、机制对接、打破制度壁垒的利好政策。

（二）港澳青年到珠三角地区创新创业热情持续升温

近年来，港澳青年对粤港澳大湾区的认知不断提升，北上发展的意愿不断增强。香港广东青年总会和明汇智库的联合调查显示，在粤香港青年对于国家的认同感如在经济、政治和社会发展等方面均偏向正面。香港青年联会属会"香港青联学生交流网络"在访问 450 名香港大学生时发现，超过 90% 的香港大学生看好中国经济发展前景，特别是粤港澳大湾区的发展前景；近 80% 的香港大学生愿意到内地就业创业；另外，受地缘、文化等因素影响，香港大学生认为深圳、广州、东莞等城市更具有吸引力。

二、存在问题

（一）创新创业条件和环境仍需改善

总体看，南沙区创新型产业体量较小，仍难挑经济增长大梁，新型研发机构、工程技术中心、重点实验室等创新平台较少，创新主要局限于少数企业和机构，专利等科技成果产出与先进地区尚存较大差距。科技金融仍处于起步发展阶段。港澳青年"湾区追梦·南沙启航"一站式服务平台的建设时间较短，周边的社会化创新创业平台的建设不成熟，存在硬件设施不够齐全、软件配套不够完善、现有创业基地的创业项目的科技支撑和智慧程度不足、创业孵化器成功率不高等问题。

（二）高端人才集聚效应有待增强

南沙高等教育起步较晚，辖内第一所高校——港科大（广州）直到2022 年 9 月才迎来首批师生，因此无论是培养人才还是集聚人才都任重道远。同时，由于高新技术产业发展相对薄弱、创新体系不完善、高品质公共服务落后于广州中心城区等，南沙对高技能人才和行业领军人才缺乏吸引力和承载力。

（三）港澳青年创新创业政策有待完善

虽然现有多个政策对港澳青年创新创业给予一定的扶持，但是力度仍不够大，对港澳青年创新创业以及对港澳优质创新项目落户南沙缺乏足够的吸引力。支持港澳青年创新创业的政策分布较为分散，缺乏整体规划和统筹协调，如薪酬福利及社保制度对接不足。内地和港澳地区的薪酬依然存在不小的差距；内地税收相较于港澳地区仍属于高税区，特别是企业所得税和个人所得税的差异仍然较大；香港和澳门在医疗、教育上的福利有优势，这些都成为影响港澳青年北上发展的重要因素。

（四）营商环境差异仍然较大

粤港澳三地在"一国两制""三个关税区"背景下，无论是在商务法律制度或是工商注册登记还是在税收制度等方面都有着较为明显的差异。尤其是港澳青年最为关注的劳动、创业等相关法律法规的差异，容易让他们产生跨区域发展的困惑，进而打起到内地发展的"退堂鼓"。

三、坚持三个原则

（一）市场主导与政府引导相结合

要用好"看不见的手"和"看得见的手"，坚持市场主导、政府引导原则，多措并举推动港澳青年就业创业。要引导港澳青年转变就业创业观念，更好适应大湾区的市场化需求，提高自身竞争力。同时，政府要在法律法规、教育、医疗、交通等基础配套上做好支持，在"引导""四两拨千斤"上狠下功夫。

（二）硬件建设与服务优化相结合

就业创业重在打造良好的软硬环境。在扶持政策设计上，既要聚焦空间载体建设、平台建设和资金供给，也要强化服务。在深化体制机制改革上，要着力谋求重大突破，要通过一系列措施降低港澳青年就业创业的商务成本，激发就业创业主体的活力。

（三）健全链条与完善生态相结合

要准确把握港澳青年融入大湾区建设的痛点、堵点、难点，支持各类双创载体平台建设发展，打造创意培育、项目孵化、成果转化的全过程服务链条，形成融人才、资源和服务于一体的就业创业生态。

四、对策建议

（一）突出服务体制机制创新

一是搭建全生命周期服务链条。搭建提供低成本、便捷化的经营办公空间、孵化器、加速器、公共实验室和研发、中试生产、产品检测中心等共享设施。配备专业运营管理团队，健全服务管理制度，为入孵项目提供政策、管理、法律、财务、融资、市场推广和培训等方面的服务，搭建

"孵化—投资—加速—辅导上市"全生命周期服务体系。二是建立港澳青年创新创业服务清单。梳理全区各职能部门和开发区为企业服务的职能，建立为港澳青年初创企业服务的清单，在南沙区政府等网站公布，并印成服务手册向基层和企业发放。采取政府购买专业服务，如人才培训、创业辅导、法律维权、管理咨询、财务指导、检验检测认证、知识产权保护和服务、技术服务、研发设计、会展服务等的方式，为港澳青年创新创业提供免费、优惠服务。三是搭建粤港澳三地专业服务共享平台。拓展港澳专业人才在内地的执业空间，对在南沙就业的港澳青年专业人才，按照广州市技能人才认定相关办法给予奖励；商请香港、澳门特区政府推荐具有较高专业服务水平、质量标准体系健全的港澳企业或专业机构，建立南沙港澳专业服务企业名册，鼓励其承接南沙企事业单位的招标项目；促进国际化及粤港澳大湾区金融人才培养、交流和合作，支持南沙区金融机构、行业协会、南沙创汇谷成立粤港澳金融人才发展联盟，与海内外高等院校、研究机构等合作开展金融人才培养工作和金融创新研究工作。

（二）建设一批高标准创新创业载体

一是鼓励创建社会化创新创业空间载体。通过政府和社会资本合作等方式，运用专业化、市场化机制，支持粤港澳三地高校院所、大企业、服务机构、投资机构等各类主体，采取"建、改、转"等方式建设一批社会化港澳青年创新创业空间载体。二是建设港澳青年创业就业试验区。建设港澳青年创业就业试验区，在南沙片区认定、运营一批"港澳青年学生实习就业基地"；进一步在事业单位、法定机构、区属国企试点开发专属于港澳青年的就业岗位；联合粤港澳三地高校开展港澳青年专场招聘会，设立就业指导专区，为港澳青年提供求职建议、简历修改、面试技巧和心理辅导等服务。三是建设港澳青年创新创业基地矩阵。聚焦港澳青年学生及初创群体，锚定文化创意、移动互联网、跨境电商、创新科技等"大文创 +"创业领域，打造港澳青年创新创业基地 2.0 版本与港澳青年创新创业服务矩阵；引入并挂牌港澳青年创业引导基金，建设港澳青年创新创业"一站式"服务平台，打造国际青年人才特色社区；策划开展赋能 TAKE 辅导计划、南沙新区青年创新创业大赛等。

（三）打造港澳青年（国际）人才特色社区

一是建立人才分类引进及评价机制。按照"需求主导、特色显著、优势互补"的原则，发挥港澳所长，服务湾区所需，瞄准资本市场、高端服务业、法律金融等重点领域，突出港澳青年人才引进中的层次及序列，重点引进培育相关领域的高层次或专业技术型人才队伍，逐步建立粤港澳职业技术证书互认制度、多维用人标准及多套用人体系，完善分类设岗、分类聘用、分类考核、分类激励机制，为人才提供制度保障。二是打造港澳青年创新创业"生态圈"。着力推动粤港澳（国际）青年创新工场、"创汇谷"粤港澳青年文创社区提质升级，探索在商业楼宇、国企物业中打造新基地，形成港澳青年创新创业服务矩阵；建设"湾区启梦港"港澳青年创新创业一站式服务平台，打造集经营办公、生活居住、文化娱乐于一体的国际青年人才特色社区。全面打造为青年人才提供"思想引领—人才引入—培训交流—落地扶持—资源对接—典型推广"等系统性服务的平台。

（四）构建全方位招商引智新格局

一是拓宽招商引智渠道，以合作交流促进招商引智。拓宽港澳交流合作渠道，深化与港澳各类机构团体联系，积极参与国际性高端论坛和招商推介活动。争取与港澳知名大学以及暨南大学等在穗高校合作建设大学生实习基地，共建港澳青年创新创业生态圈。二是以信息对接促进招商引智。加强与港澳高校、暨南大学和各类港澳青年团体的沟通联系，促进港澳有关创新创业就业信息平台与基地对接。加强与各类媒体的沟通联系，积极利用各类高端论坛、会议等场合宣传基地投资环境，扩大社会影响力。加强基地自身的宣传体系建设，搭建微信公众号、App、网站等多种渠道的互联网宣传平台。三是以论坛赛事促进招商引智。支持粤港澳三地机构在南沙创汇谷举办具有国际影响力的主题论坛、创业大赛、创业论坛、竞技比赛、技术成果交易会、创客集市、作品展览会、专业研讨会、项目路演等各类具有影响力的港澳青年活动。四是以文化交流促进招商引智。加强广府特色创意文化传播，增强港澳青年人才的认同感和归属感，通过文化交流引进人才、留住人才，继而通过人引进资金、引进项目。

（五）打造具有竞争力的营商环境

一是深化商事制度改革创新。放宽市场准入，加快建立完善适应市场经济的准入审批、事中事后监管和创业创新扶持等工作机制。精简商事登记审批事项，实施简易商事登记改革，推进统一的市场准入体系、市场监管体系以及企业诚信体系建设，实行简易注销登记程序，完善市场主体快速退出机制。推行"人工智能＋机器人"全程电子化商事登记系统，推动智能审核、即时办理，实现"群众免跑路，数据高速路"，全面提升商事登记办理效率和便利程度。二是优化审批流程。落实"证照分离"改革，推广应用营业电子执照，推行商事登记银政直通车服务，实施办税便利化措施，压缩企业开办环节和时间。深入推进规划国土"三证合办"，面向所有政府直接供地的项目，实行"一窗受理、并联审批、限时办结"。

参考文献

［1］方木欢.粤港澳大湾区港澳青年创业的政策机制与优化路径［J］.青年探索，2019（5）：84-91.

［2］谢宝剑，胡洁怡.港澳青年在粤港澳大湾区发展研究［J］.青年探索，2019（1）：5-14.

［3］梁燕，王嘉茵.粤港澳大湾区建设背景下内地高校港澳学生创业意愿影响因素研究：基于培养创新型人才视角［J］.科技管理研究，2021，41（12）：149-156.

［4］卢珊珊.黑龙江省政府扶持小微企业发展的政策研究［D］.哈尔滨：哈尔滨商业大学，2017.

［5］萧蕙.地方政府优化行政审批流程问题研究：以广州市增城区为例［D］.成都：西南交通大学，2019.

进一步推动南沙创享湾功能提升
打造粤港澳创新平台"南沙样本"

练庆凤

图 4-6　南沙创享湾

创享湾位于广州南沙蕉门河城市中心区，2021 年 7 月正式投入使用，项目用地面积为 3.4 万平方米，总建筑面积为 6.6 万平方米，共有 6 栋独栋办公空间，是集服务港澳青年创新创业交流平台、规则衔接平台、专业服务平台于一体的综合服务平台。近年来，为全面落实《粤港澳大湾区发展规划纲要》要求，南沙以打造"创享湾"平台建设为引领，建设了 13 个港澳青年创新创业基地，港澳青年创新创业生态圈初具雏形。《南沙方案》印发实施后，南沙更是紧紧围绕《南沙方案》"创建青年创业就业合作平台"要求，实施支持港澳青年发展"湾区启梦"双创三年行动计划，推动创享湾广泛链接粤港澳三地优质资源，建设港澳青年创新创业服务枢纽和粤港澳青年合作交流示范基地，助力港澳青年投身大湾区建设，融入国家发展大局。为进一步推动创享湾功能提升，打造粤港澳创新平台"南沙样本"，建议南沙积极争取省市支持，统筹各类资源，进一步优化创享湾定位，拓展发展空间，提升精细化运营水平。

一、创享湾发展基础及亮点优势

创享湾功能定位层次分明，引进项目丰富，打造了独具港澳元素的各类平台（详见表 4-6）。平台集聚效应显著，示范引领作用日益突出，总的来说，具有如下亮点及优势：

表 4-6 创享湾三大功能及相关项目

搭建粤港澳青年交流发展支撑平台	■1 个平台：广东省粤港澳青少年交流促进会 ■1 个中心：广州市南沙区港澳青年五乐服务中心 ■3 个香港青创基地：TIMETABLE 粤港澳青创基地、新华港澳国际青创中心、"南沙 G-Rocket 高诺国际加速器"港澳青创基地 ■2 个澳门青创基地：印象·澳门特色餐饮孵化基地、粤澳国际产业融合发展青创基地 ■1 个集粤港澳台元素的青创基地：专创国际青年社区 ■其他方面促进交流的组织："一国两制"研究中心、香港齐心基金会、香港警察队员佐级协会等

（续上表）

完善粤港澳青年创新创业专业服务	■港咨委及咨委会服务中心 ■港咨委引入的香港总商会、香港中华总商会、香港中华厂商联合会等 23 家香港商会协会和专业机构 ■ GoGBA 港商服务站 ■粤港澳大湾区暨"一带一路"法律服务集聚区 ■新华集团引入的粤港澳大湾区企业家联盟、粤港澳大湾区产业链研究院、新华港澳国际青创中心等 ■高锋集团引入的粤港澳大湾区演艺文化基地、G-Rocket 创投基金、香港青年专业联盟 ■其他港澳青创基地拟引入的各类商协会、专业服务机构等 ■创享湾"心理茶馆" ■"乐业百事通""港澳一站式社保服务站""大湾区职场导师"
营造粤港澳青年休闲文化活力氛围	■ TIMETABLE "港味"休闲空间 ■印象·澳门十大品牌店、澳门特色风情街 ■台湾青年文创展示区 ■蕉门河河岸露天青年文创休闲区（Elephant Grounds 大象园、Julien 祝你安等港澳特色餐饮品牌，文化创意展示等）

（一）集聚创新创业基地，成为港澳青年湾区创业发展的助推器

南沙 13 个港澳青年创新创业基地中有 6 个位于"创享湾"，分别是 TIMETABLE 粤港澳青创基地、新华港澳国际青创中心、"南沙 G-Roctet 高诺国际加速器"港澳青创基地、粤澳国际产业融合发展青创基地、专创国际青年社区和印象·澳门特色餐饮孵化基地，推动打造多元化港澳青创基地矩阵。截至 2024 年 1 月，6 个创新创业基地累计孵化港澳项目共 296 个，约为南沙在孵港澳项目总数的 41.5%，项目涵盖科技研发、文化艺术、教育培训、商务服务等领域，各基地累计带动就业约 1 262 人，其中港澳青年 407 人，占比 32.3%。

（二）集聚交流合作平台，成为港澳青少年交流资源的整合器

创享湾落户广东省粤港澳青少年交流促进会、广东政协港澳青年人文交流基地，成立粤港澳三地青年组建的广州市南沙区港澳青年五乐服务中心，累计与 76 个港澳青年社团、47 个商协会、16 个行业协会、14 所重点院校达成长期战略合作关系，常态化开展各类粤港澳青少年人文交流活动超 760 场次，覆盖青少年超 5.2 万人次。同时，南沙以创享湾 4 号楼 5 楼为载体筹备建设港澳商协会服务集聚区，设立港澳商协会交流新平台。该项目已于 2023 年 1 月底竣工，计划 2 月底前交付进驻。

（三）集聚各类服务机构，成为支持港澳青年逐梦湾区的服务器

一是落户港咨委的实体合作平台——咨委会服务中心。目前，咨委会服务中心已吸引香港中华总商会、香港专业联盟等 29 家香港工商专业协会入驻，率先在内地形成香港工商业协会集聚效应。其中参照法定机构成立的广州南沙港澳合作促进中心也已入驻咨委会服务中心，推动与香港的规则衔接、机制对接，为南沙港澳机构企业提供全周期、全链条的高效服务。二是引入粤港澳大湾区暨"一带一路"法律服务集聚区，目前已进驻法律服务机构 30 家，引进全市首家粤港澳联营律师事务所，建成广州首个域外法查明中心和港澳青年创新创业法律支援服务中心，整合诉讼、仲裁、域外法查明、司法鉴定、调解、律师服务等高端法律服务资源，提供平台化、专业化、一站式的涉外法律综合服务，成为广州三大法律服务集聚区之一。三是搭建创享湾"心理茶馆""乐业百事通""港澳一站式社保服务站"和"大湾区职场导师"，在港澳青创基地组建"首席服务官"和"港澳政务服务官"，为南沙港澳青创基地、项目（企业）提供项目引进、融资对接、导师顾问等全方位贴心服务。四是提供更优质便捷的政务服务，设立创享湾 24 小时港澳自助服务点，可自助办理 1 417 项政务服务事项，满足港澳青年"自助办""智能办""随时办"的需求。

（四）打造独特的共商共建管理新模式，成为港澳青年参与南沙建设的实践地

2021 年 4 月，南沙推动成立港咨委。港咨委由全国政协副主席、香港前特首梁振英担任顾问，内地和香港各个相关领域的专家学者和其他人士组成，下设 14 个专项工作组，是香港咨询委员会运作模式在内地的首次尝试，是内地首个实体化运作并服务内地和香港的专业平台，在促进南沙与香港建立合作机制、打造集聚平台、推进专项工作等方面取得显著成效，成为香港深度参与大湾区建设主阵地。2022 年 6 月，南沙开发区管委办印发《"创享湾"港澳合作交流示范基地建设工作方案》，确立了由政府、国企、入驻机构及企业共建创享湾的管理模式。由南沙区领导、有关部门及国企单位成立创享湾港澳青年合作交流示范基地建设指导协调小组，统筹指导创享湾整体建设和管理工作；成立创享湾发展共建理事会，由南沙开发建设集团公司担任理事会会长单位，入驻的港澳青创基地和企业为理事会成员单位。创享湾明确入驻机构和企业参与管理工作，来自不同领域的理事成员既能直接表达自身、机构和企业发展诉求，还能为港澳青年链接多项综合服务资源，推动创享湾相关建设方案落实落地。

二、深圳、珠海港澳青创平台建设经验借鉴及下一步工作思路

为贯彻落实《粤港澳大湾区发展规划纲要》有关要求，广东省自贸区皆大力推动港澳青年创业就业基地建设。深圳和珠海皆集中力量和资源分别在其自贸区片区前海、横琴打造了湾区青创基地新样本。深圳方面，打造"前海深港青年梦工场"，围绕创业服务、孵化器集群、宣传推广、投融资、国际路演、创业导师智库等多方面构建良好的创投生态链，提供全方位的金融支持和全生命周期、一站式法律服务的平台，形成创意链、产业链、资金链、政策链、信息链、人才链"六链合一"的全链条创新创业生态圈，累计孵化团队 591 家，其中港澳台及国际团队 368 家，培育高层次人才团队 12 家，培育国家高新技术企业 23 家，累计融资 29 亿元。珠海方面，更是举全市之力支持横琴打造"横琴·澳门青年创业谷"，通过打

造"空间载体（众创空间＋孵化器＋加速器全链条）＋创业生态（创投资本＋创业项目＋孵化服务＋创新协作资源）＋运营机制（共享＋互助＋社群）"的立体孵化模式，提供管家式创业入驻服务和舒适的居住条件，累计孵化企业（项目）逾750家，其中澳门创业企业（项目）335家，引进与培育高新技术企业50家。

而广州港澳青年创新创业平台在全市11个区均有布局，各区遍地开花，平台投入资源分散，低效现象明显，并直接与各区的经济实力相关。天河、黄埔、南沙投入领先，其他区则差异较大，对各类基地缺乏评估考核，统筹力度不够。全市55个基地，约四分之三的基地管理和运营都并非港澳台人士，而主要是内地人员，部分平台场地空间空置率很高，且存在一个项目"挂靠"两个或多个基地的现象。南沙作为粤港澳全面合作示范区，在省市的支持下，港澳青年平台建设虽然取得显著成效，但由于未与市内其他区形成合力，仍然无法充分发挥示范带动作用，促进广州港澳青创资源实现效能最大化。因此，迫切需要推动南沙和天河、黄埔等区优质平台强强联合、聚力合作，同时整合资源，并从中挑选最具代表性的示范平台，将其打造成为推动港澳青创合作的样本。与其他港澳青创平台相比，南沙创享湾与香港、澳门在地理空间上距离更近，交通便捷，合作基础扎实。在《南沙方案》政策红利和港澳资源集聚的独特优势助推下，创享湾有条件成为粤港澳创新合作的"南沙样本"。

三、推动广州南沙提升创享湾功能，打造粤港澳创新平台"南沙样本"的若干建议

创享湾集聚了创业孵化基地、加速器、各类商协会、专业服务机构等项目，形成青创交流、专业合作、对外发展三大服务功能，地区影响力逐步提升，已成为南沙推动粤港澳创新合作交流的重要实践地，并具备承载更大发展使命的功能基础。当前，面对南沙肩负打造成为立足湾区、协同港澳、面向世界的重大战略性平台的新使命，创享湾亟须进一步提升功能定位，以推动粤港澳创新合作为抓手，强化产业承载功能、港澳资源链接集聚功能，打造粤港澳创新平台"南沙样本"。

（一）强化产业承载功能，推动创享湾成为国际化专业服务产业集聚基地

创享湾区位上毗邻国际人才港、南沙区行政中心，客户资源、人力资源丰富，政务服务便利，物业以综合性写字楼为主，且已形成粤港澳大湾区暨"一带一路"法律服务集聚区，涉外法律服务资源集聚优势凸显。可充分利用区位优势和已有产业优势，支持创享湾等区内港澳青创基地与先行启动区同等享受 15% 的税收优惠政策，在职业资格、服务标准等领域深化与港澳规则对接，进一步放宽港澳专业服务业准入门槛，吸引更多港澳法律、财税、咨询的行业组织、服务机构集聚，推动创享湾成为国际化专业服务产业集聚基地。同时，将全区港澳青创基地"串珠成链"，统筹各基地资源，推动资源共享、活动共办、空间共用、优势互补，形成合力，为产业发展提供涵盖孵化加速、研发办公、生产加工、仓储物流的全产业品线空间，推动港澳青创企业实质化运营。

（二）强化港澳资源链接集聚功能，推动创享湾成为港澳合作枢纽平台

一是发挥市层面统筹协调作用，整合全市力量、集中优质资源，规范发展市内各类基地或平台，构建以南沙为中心枢纽、全市多点支撑的港澳青创平台空间布局网络。二是支持创享湾充分发挥港咨委的平台和资源优势，吸引更多港澳社会组织和专业服务机构集聚，以项目、事项、案例等小切口为突破，解决规则衔接落地"最后一公里"，打造规则衔接机制对接高地，促进与港澳合作深化实化。三是充分利用金融创新政策试点契机，支持创享湾与香港天使投资者、私募基金、融资担保公司、证券公司及证券交易所等机构合作，在创享湾成立创投引导基金或设立服务点，为南沙创业的港澳青年提供全方位的金融支持，推动创享湾构建创投生态链，提高创享湾孵化成功率。

（三）强化交流展示平台功能，推动创享湾成为南沙新名片

推动粤港澳青少年交流活动总部基地落地创享湾，充分发挥广东省粤港澳青少年交流促进会等平台作用，引进亚太青年领导力与创新创业论坛等资源导入型活动，支持南沙承办国家级、省级、市级创新创业赛事活动，进一步强化创享湾港澳合作交流平台作用。对接港澳创意设计、时尚资源，定期举办以创意设计、艺术文化、时尚休闲为主题的活动和展览，推动创享湾成为大湾区青年喜爱的网红点、打卡点和集聚地，成为南沙新名片。

第五章

共建高水平对外开放门户

南沙自贸片区实施全国首个对标 RCEP CPTPP 进一步深化改革扩大开放试点措施 推动更高水平制度型开放

唐　潮　黎秀婷

本图片由南沙海关提供

图 5-1　南沙海关对到港榴莲进行监管验放

南沙是集国家级新区、国家级开发区、自贸区于一体的国家战略集中承载地，是国内国际双循环的重要枢纽节点，在强化与港澳规则衔接、机制对接，密切与 RCEP、CPTPP 成员国经贸往来上有着天然优势。南沙自贸片区深入贯彻新发展理念，抢抓 RCEP 生效机遇，于 2022 年 1 月 17 日正式发布《南沙自贸片区对标 RCEP CPTPP 进一步深化改革扩大开放试点措施》（以下简称《试点措施》），厚植高质量发展基础。该《试点措施》是全国首个以 RCEP、CPTTP 双协定为对标标的制定的自贸区集成性创新举措，聚焦贸易自由便利、投资自由便利、要素流动便利、金融服务、竞争政策和绿色发展 6 大领域，精准对标 RCEP、CPTPP 条款，提出 17 条先行先试措施，在加快对接国际高标准投资贸易规则上先行先试，成功入选"2021—2022 年度中国自由贸易试验区制度创新十佳案例"。

一、提升贸易自由便利化水平，充分释放产业红利

一是加快打造市场化国际化口岸营商环境。大力优化通关流程，推广运用"两步申报""两段准入""船边分流"等海关通关便利措施，进出口整体通关时间大幅压缩，易腐品出口基本达到 6 小时以内放行。全面优化口岸营商环境，出台商贸业、航运物流业和促进跨境电商、国际集拼分拨业务发展措施等系列政策。2022 年，南沙外贸进出口总值 2 988.2 亿元，同比增长 15.1%；南沙口岸跨境电商进出口交易额同年 10 月首次突破 1 000 亿元，同比大幅增长达 3.7 倍。二是用活用好原产地累计原则和微小含量原则。首创企业原产地自主声明模式，建立原产地自主声明协同监管、信息共享、结果应用机制。南沙企业沙多玛（广州）化学有限公司获颁全省首份 RCEP 项下原产地证书，全年可节约关税 229 万元。三是深化监管方式创新，加快海关信息互认互联。打造"信用＋园区"助企发展新模式，试点大湾区首个生物医药信用园区可信数据服务，为园区诚信企业提供第三方可信数据系统数据深度挖掘及协同合作服务。创新推动跨境信用领域建设，"信易 AEO"领域探索建立健全以信用监管为基础，与负面清单管理方式相适应的全过程监管体系，累计培育 AEO 高级认证企业 97 家，被中华人民共和国海关总署纳入海关监管创新举措。

二、加强外商投资管理体系建设，提升投资便利化水平

一是建立以负面清单为核心的外商投资管理制度。进一步放宽优势行业投资准入，探索成立港资医疗机构；率先争取国家支持，允许外资在南沙独资经营医疗机构。进一步完善商事制度，深化外商投资准入负面清单，继续落实金融服务、航运物流、医疗教育、专业服务 4 项对外开放清单指引，推动市、区、镇街三级共同建立外商投资企业服务机制。二是积极构建南沙知识产权全链条协同保护机制。搭建知识产权公共服务平台，对接国内外知识产权专利运营机构和企业知识产权确权信息，建立全球企业知识产权数据库，为"走出去"企业提供海外知识产权维护援助。建立侵权风险处置联动机制，强化知识产权相关 8 部门协作，形成全链条保护、纠纷多元化解、审查授权、行政执法多环节的知识产权大保护工作格局。三是引领全球互联网仲裁领域国际技术标准制定。上线全球首个亚太经合组织跨境商事争议在线解决平台（APEC-ODR）；受司法部委托，广州仲裁委作为中国内地仲裁机构唯一代表参加 APEC 在线争议解决研讨会。南沙国际仲裁中心与内地超过半数的近 150 家仲裁机构和 42 家境外仲裁机构签约认可并共同推动互联网仲裁"广州标准"，打造国际商事争端解决机制湾区品牌。

三、创新要素跨境流动机制，促进资源配置灵活高效

一是探索跨境数据安全有序流动，加快形成数字贸易发展新模式和国际数据合作治理新规则。打造南沙（粤港澳）数据服务试验区，依托国际 IPv6 根服务器、国际数据传输枢纽节点，建设国际光缆登陆站、国际数据自贸港。开展澳门科技大学大湾区科研专网试点项目，积极探索跨境科研场景的典型应用示范与模式，数据跨境安全认证路径研究解决方案已报送至中央网信办。二是先行先试更加便利的自然人跨境流动机制，优化人才集聚辐射环境。深入推进国际化人才特区建设，进一步为商务访问人员、公司内部流动人员等提供入境和停居留便利，允许办理有效期最长为 3 年的签证。2022 年 1 月，南沙印发重点企事业单位人才往来港澳商务备案绿色通道办理指引，率先实行内地人才往来港澳不受单位纳税或创汇条件限制。

四、提高金融对外开放水平，擦亮特色金融名片

一是以离岸贸易带动跨境金融发展。实施重点企业白名单制度，从财政、海关、外汇和商事等方面推出支持离岸新型国际贸易发展的政策和国际结算、贸易融资等跨境金融服务便利措施。2022 年以来，累计超 80 项金融创新案例或试点落地，其中 37 项入选国家、省、市金融创新案例或试点。在跨境金融方面，截至 2023 年 2 月，南沙自贸片区企业累计开立自由贸易（FT）账户近 6 500 户、办理企业 FT 项下跨境人民币结算超 6 919 亿元；开设 FT 全功能资金池 170 个，净流入额度超 2 124 亿元，惠及境内外企业超 472 家。在航运金融方面，2022 年开展船舶交易 736 艘，交易额 23.88 亿元。二是优化离岸贸易业务发展环境。搭建离岸贸易综合服务平台，实现从事离岸贸易结算的银行结算数据、贸易商单证物流、海关数据互联共享。依托南沙首创的全球溯源中心数字经济公共基础设施，打造数字化"离岸贸易真实性核验平台"，有效解决制约我国离岸贸易发展的真实性核验难题。

五、强化竞争政策实施，营造公平竞争市场环境

一是推动确立竞争政策基础性地位，打造以竞争中立为核心的公平竞争的外部市场环境。建立健全区级公平竞争审查联席会议制度，政府部门普遍制定公平竞争内部审查工作制度。建立公平竞争审查抽查评估机制，引入第三方机构开展独立评估，涉及市场准入、产业发展、招商引资等有关市场主体经济活动的规章、规范性文件等均纳入公平竞争审查范围。二是探索国有企业分类管理与改革，推动国有企业提升在国际经贸往来中的竞争力。持续推进国企战略重组和专业化整合，试点国有企业监督机制，逐步减少和取消专门针对国有企业的补贴和优惠政策。探索建立区分国有企业实施商业性活动和非商业性活动的规则体系，推进"公益类国有企业"细化分类，对准公益类企业竞争性业务，加快引入市场机制和竞争机制。

六、拓展绿色治理合作，培育绿色转型升级新动能

一是聚焦"双碳"目标，大力发展绿色低碳经济。支持广州期货交易所推进碳期货交易。2022年6月，两年期品种计划获中国证监会批准，涉及碳排放权期货、工业硅等服务绿色发展相关品种。创新低碳业务融资渠道，入选国家气候投融资试点，落地气候投融资特色银行支行、碳中和融资租赁服务平台等机构，开展公募"碳中和"资产支持商业票据（ABCP）、能源行业类REITs、碳中和汽车租赁ABS等创新业务。积极开展国际能源合作，率先建成全国首个中芬能源合作示范项目——"多位一体"微能源网示范项目，大幅降低园区化石能源消耗和碳排放。二是加强现代农业国际交流合作，深化规则对接。加快打造现代农业产业链，积极创建国家级农业对外开放合作试验区，成功举办中国—太平洋岛国渔业合作发展论坛、中国水产种业博览会，积极发掘产业链招商引资引智机遇。大力发展预制菜生产和进出口贸易，揭牌广州南沙RCEP预制菜质量控制中心、RCEP预制菜展示体验中心，集聚雪印集团等有一定规模的预制菜及关联企业18家，南沙区预制菜产业园入选省级现代农业产业园。

加快发展文化保税产业
推动南沙打造文化枢纽港

顾乃华 陈新宇

图 5-2 大湾区国际艺术品保税产业中心

文化保税是将保税区内已有的针对普通商品的保税政策及通行做法运用在文化贸易领域的保税形态。2020 年，南沙综合保税区正式获批。2022 年 6 月，国务院印发的《南沙方案》进一步明确，要将南沙综合保税区打造成为立足湾区、协同港澳、面向世界的重大战略性平台。对于南沙而言，加快发展文化保税产业，提升文化经济全球辐射力和综合文化影响力，推动打造文化枢纽港，既是挑战，更是机遇。

一、南沙文化保税产业的发展现状

（一）区位优势显著，文化保税产业潜力较大

一是具备得天独厚的地理位置和区位优势。作为广州唯一出海通道，南沙位处广州最南端，是整个粤港澳大湾区的地理几何中心。南沙与周边珠三角城市相邻，是连接珠江口岸城市群和港澳地区的重要枢纽。二是拥有发达的集疏运体系和强大的港区运营实力。依托广阔的港口资源和广州港的主力港区，南沙建立了港铁联运、河海联运和空港集疏运三大交通体系，南沙港区完成货物吞吐量 3.21 亿吨，单一港区的吞吐能力排在全球前列。三是获得充分的政策规划支撑和措施支持体系。在粤港澳大湾区、自贸试验区和海关特殊监管区域"三区"政策优势基础上，叠加《南沙方案》的助力，为建立粤港澳大湾区艺术品等商品供应链管理平台提供政策支持，为推动南沙加快发展文化保税产业增添更强动能。

（二）业态较为单一，文化保税政策有待突破

一是文化产业基础较弱和产业链较短。与先进城区相比，南沙的文化产业整体发展基础还较弱，相关产业集群正在培育成长阶段，上下游产业链和创新链还未成型，与保税产业相关的文化企业更是数量较少、规模偏小。二是基础设施和平台布局功能不足。在重大平台布局和重点产业基础设施服务能级方面，当前规模和数量与发展目标之间的差距还较为明显，对于大湾区的辐射力和影响力还需增强。三是文化保税实践的政策壁垒有待进一步突破。在文化保税实际操作中，监管效率有待提升，业务担保门

槛有待降低，业务办理流程有待简化，进口税收优惠政策有待完善，对经营主体企业的扶持力度有待加大。

二、南沙加快发展文化保税产业的建议

（一）发挥政策优势，高品质营造产业发展环境

打造政策"洼地"、抢占营商环境"高地"是构建南沙文化保税产业竞争力的保障。创新监管方式并提高服务效能，有利于鼓励引导文化企业特色化发展。一是突出综合保税区政策"洼地"优势。加强文化产业和文化贸易的政策支持。确保自贸试验区各项文化政策、举措落实到位。发挥南沙综合保税区"免证、免税、保税"的特殊政策，支持对外文化贸易创新。结合国家、省、市的支持政策，南沙出台制定独特的文化产业扶持政策，设立专项资金支持文化产业发展，特别是促进重点领域加快发展。加快发展文物和艺术品保税上下游业务，支持境外文化设备保税租赁、国际影视版权交易、文化创意设计、世界文旅休闲目的景区和离岸文创制造等业态模式。二是打造国际化一流营商环境"高地"。建立健全外资文化市场准入机制，开辟"文化贸易服务"新领域。加快推进知识产权快速维权中心建设，积极开展著作权相关的法规宣传，严厉打击侵权盗版行为。建设文化保税区的综合性支持平台，为文化企业提供技术、财务法律、人力资源、展示交易等全方位的综合服务支持。三是加强借鉴、探索和创新适合文化保税产业发展的监管方式。完善文化产品和服务出口的通关管理措施，开辟文化产品、艺术品进出区"绿色通道"。压缩进境备案审批时间，为企业提供更多便利，推动文化保税产业提档升级。积极借鉴上海等地自由贸易试验区的做法，推进文化贸易投资的外汇管理便利化，探索将保税展示交易功能向区外配套区延伸。

（二）加快产业布局，高起点谋划产业创新平台

结合自贸区各片区功能定位和产业发展规划，通过制订实施方案和分步实施，持续完善基础设施，加快提升城市产业配套服务能级，发展各具

特色的文化保税领域。一是谋划建设蕉门河文化总部企业基地。引进一批高水平文化或传媒类总部企业，重点推动保税艺术品估值、版权交易、保险代理、融资租赁、安保押运、鉴定与评估、文化传媒、文创产品拍卖等产业集聚发展，加快打造境内外文化艺术品"线上＋线下"相结合的展示和交易平台。二是加快打造粤港澳大湾区短剧影视产业基地。聚焦深化穗港澳影视产业合作，汇聚粤港澳大湾区影视文化和短剧产业资源要素，构建南沙特色的短剧影视产业体系。围绕资金、剧本和制作等重点环节，加快形成版权管理、营销渠道和拍摄服务等全产业链体系。推动打通短剧影视产业链上下游，积极探索"保税＋短剧影视产业"新模式，创新打造数字影视产业新引擎。三是提档升级庆盛科技创新产业基地。打造具有大湾区乃至全国品牌效应的文化创新和国际文化交流基地，牢牢抓住数字内容产业发展的机遇，积极发展大数据、人工智能和虚拟现实等"元宇宙"产业，建设数字内容生产和交易中心、版权交易与授权中心，培育一批以创意设计为核心竞争力、具备自主知识产权的创意设计时尚品牌。四是做优做强南沙湾广州滨海旅游中心。持续优化丰富邮轮旅游、海上运动、海洋康养和海洋教育等产品业态，引进精品酒店、特色美食、露天剧场等业态，打造高端国际文化保税产业展示高地、数字文化产业集聚中心以及文化体育和健康时尚产业集聚区。

（三）推动融合发展，高质量培育特色产业集群

重点促进文化产业融合发展，引入和培育符合"保税＋"方向的文化新业态新模式，吸引文化贸易企业集聚南沙。一是高质量发展艺术品文化保税产业。加快引进专业的保税文化艺术运营公司，打造完整的艺术品国际物流、艺术品保税仓储、艺术品保税／完税进出口、艺术品进出口展览服务，保税艺术品拍卖及私洽全产业链，挖掘保税展示等功能优势，打造特色艺术品保税展示平台。二是持续提升文化创意设计与制造产业。提升南沙创意设计企业自主创新能力，吸引港澳创意设计人才前来创业就业。完善南沙创意设计人才的培育体系，支持引进文化创意设计、工业设计和品牌设计等领域的龙头企业，推进文化设计与先进制造的融合。三是引进培育影视传媒与影视文化产业。推进粤港澳大湾区媒体文创产业中心落

地，建设电影主题公园、电影音乐园、影视学院、影视产业创新创业基地等平台。推动影视产业数字化发展，加快影视制作、发行、播映、存储、监管等环节全数字化发展。四是做强做优数字内容与运营产业。打造竞技游戏科普、游戏教育和游戏研究的策源地，数字创意产业和数字娱乐产业集群和数字文化出海的首选目的地。吸引大湾区知名网红落户，MCN 机构、代运营公司、电商平台等产业链上下游企业入驻。五是推动引进休闲文旅与健康产业。开展主题休闲旅游，打造南沙滨海旅游品牌，提升都市水乡休闲旅游质量。加强文旅的国际合作，支持举办各类演艺娱乐活动。引入港澳及国际高端医疗资源和先进管理模式，打造国际知名的健康旅游示范基地。六是鼓励培育图书与版权文化产业。加快完善相关的版权贸易的立法，加大 金融服务对版权产业的支持力度，率先营造著作权产业健康发展的市场环境。积极引进一些有实力的国际出版单位，打造国际图书版权资源集聚区。

（四）深化港澳协同，高水准推进文化枢纽建设

深入贯彻《粤港澳大湾区发展规划纲要》和《南沙方案》对南沙文化产业和贸易发展的战略部署，加快打造文化领域高水平对外开放门户枢纽。一是加快完善跨区域合作机制。加强与国内其他地区的协作，探索文化保税区之间文化产品进出口信息共享、跨自贸试验区的文化产品展示合作。推动制订跨区域合作方案，促进不同文化部门之间与文化企业之间的交流和合作，致力打造全球文化商品交流和交易中心。二是强化与港澳文化保税实践领域的协作。在贸易协定基础上深化推进文化贸易的新条款，或者共同打造创意产业共建园、联合举办展会、促进文化贸易资源共建共享等，加快提升文化贸易竞争力。协同港澳挖掘和培育在广府文化、岭南文化和中华文化等传统文化方面的独特优势，开辟对外文化贸易新领域，提高文化产业竞争软实力。三是持续加强平台的跨关区联动。主动与上海自贸区展开跨关区联动，携手打造"中国自贸试验区国际艺术品交易联盟"、艺术品保税仓库和艺术空间。加强与海南自贸港的跨关区联动，促进文化艺术保税领域"广东＋海南"模式持续发挥作用。四是鼓励国内文化企业通过南沙自贸区平台"走出去"。支持文化企业借力南沙平台在境

外参展、经营或投资，扩大中华文化影响力和文化经济的对外影响力。支持文化企业在境外设立演艺经纪公司、出版物影视营销机构、艺术品经营机构、文化经营机构和文化贸易基地，将本土文化产品和服务逐步拓展至受汉文化影响较深的新兴市场和"一带一路"沿线国家和地区市场。五是加大对文化企业的引领和扶持。进一步扩展全球性、综合性平台优势，持续推进国际管理体系认证、产品认证、境外专利申请、境外广告宣传、商标注册以及技术和品牌收购等举措，为文化出海企业提供有力支持。巩固提升文化产品出口市场份额，持续扩大国际文化产业内贸易。

"一带一路"背景下南沙跨境电商发展对策建议

暨南大学中国（广东）自由贸易试验区研究院课题组

图 5-3　广州南沙综合保税区

跨境电商顺应了"一带一路"建设的发展趋势。自"一带一路"倡议提出以来，"丝路电商"已成为畅通"一带一路"贸易的排头兵。近年来，南沙积极推动跨境电商国际枢纽港建设，跨境电商等新业态新模式加快发展，与"一带一路"沿线国家贸易合作取得一定进展，但也面临一些挑战。新发展阶段，南沙应充分发挥自身优势，紧抓共建"一带一路"机遇，释放跨境电商发展活力，推动高水平跨境电商互促互利，不断取得新成效。

一、"一带一路"背景下南沙跨境电商基础

（一）设施联通为畅通"一带一路"贸易提供基础支撑

南沙位于珠江出海口和粤港澳大湾区地理几何中心。广州港南沙港区是华南地区沿线海运航线最多的港口之一、"21 世纪海上丝绸之路"的重要链接枢纽。近年，"湘粤非"国际海铁联运通道、中欧班列、中亚班列等多式联运通道的开通助力南沙形成了覆盖粤港澳大湾区、辐射内陆、联通全球的"海陆空铁"立体贸易物流枢纽。截至 2023 年 10 月，南沙港已开通外贸班轮航线超 150 条，其中"一带一路"海上航线 120 余条，联通世界 100 多个国家的 400 多个港口。[①] 基础设施的"硬联通"、物流的"软联通"搭建了区域经济发展的桥梁，提升了物流效率，降低了跨境贸易成本，为畅通"一带一路"贸易提供了基础支撑。

（二）与"一带一路"沿线国家贸易增长快速

近年来，南沙积极与"一带一路"沿线国家重点城市结好，深化与"一带一路"沿线国家或地区的经贸合作，设立"一带一路"服务专窗，与"一带一路"沿线国家贸易增长快速。2022 年，南沙与"一带一路"沿线国家进出口达到 993 亿元，同比增长 23.1%。"一带一路"沿线国家外贸吞吐量不断攀升。2022 年，广州港南沙港区外贸吞吐量八成来自共建"一

---

① 数据来源：广州市商务局网站。

带一路"国家方向。2013 年，广州港"一带一路"国家方向的集装箱吞吐量为 165.26 万标准箱，2022 年较 2013 年增长超过一倍。[①] 南沙不断扩大的国际朋友圈为"一带一路"贸易拓展新市场。目前，南沙港与共建"一带一路"国家的友好港达到 23 个，已成为全国中非航线最多的口岸。

（三）形成了较为完善的跨境电商生态圈

近年，南沙积极发挥自贸试验区制度创新优势，大力发展新业态新模式，建设跨境电商海港枢纽，建设"离岸易"综合服务平台，吸引国内多个跨境电商龙头企业进驻，成功聚集各类型跨境电商相关企业超 1 000 家，形成从政策优惠、平台汇聚到物流便捷、金融创新的完整跨境电商生态圈，为壮大与"一带一路"国家贸易奠定了基石。2022 年，广州南沙口岸跨境电商包裹进出口首次突破 1 000 亿元，同比增长 3.3 倍。同期，广州海关监管验放 3 亿票跨境电商清单出口至"一带一路"沿线国家，同比增长超过 4 倍。

（四）规则相联，促进与"一带一路"国家贸易走深走实

南沙积极统筹国内国际规则，创新推动与"一带一路"机制衔接和规则对接。目前，南沙已成立"一带一路"服务机制南沙办公室和"一带一路"国际商事南沙调解中心等 21 个高端服务机构。与此同时，出台 29 条提升跨境贸易便利化措施，着力推动南沙进口贸易促进创新示范区建设。全国首创"跨境电商出口退货监管模式"，打通跨境电商出口退货通道。推出"金融 15 条"以支持"一带一路"金融互通，开展跨境贸易投资开放试点，推动"一带一路"经贸畅通，打造南沙国际仲裁"一带一路"先行地。南沙营造的"越诚信、越便利"跨境贸易营商环境，为促进与"一带一路"国家贸易走深走实提供了有利条件。

---

① 数据来源：南沙区融媒体中心。

二、"一带一路"背景下南沙跨境电商挑战

（一）严峻的外部环境使跨境电商贸易的不确定性增加

目前，国际安全局势十分复杂，世界进入新的动荡变革期，特别是大国之间的对抗、地缘政治的博弈愈演愈烈，共建"一带一路"外部环境日趋严峻。俄乌冲突爆发使国际笼罩在阴霾下，乌克兰危机呈现长期化、复杂化局面，严重冲击欧亚地区安全稳定局势。美国加紧强化盟友体系，大力推动"印太经济框架"（IPEF），将其作为共建"一带一路"的"替代方案"，在经贸领域联手西方国家加大对"一带一路"共建的遏制打压。复杂的外部政治经济环境加大了跨境电商贸易环境的不确定性。

（二）跨境贸易、跨境物流的复杂性挑战

由于"一带一路"各国的商品适用性、生产标准不同，以及各国在气候、季节等方面也存在着差异，跨境电商企业的备货预估难度加大。"一带一路"沿线国家的跨境电商发展缓慢及其存在保护本国产业的考虑，不利于南沙跨境电商向其出口。与此同时，跨境物流衔接方面的障碍不利于跨境电商中小企业的发展。就跨境物流企业而言，由于不同国家的物流运输衔接方面存在着不同的业务标准，资金充裕的大型企业通常采取建立海外仓的方式进行配送；但中小型跨境电商企业很难支付建立海外仓的费用，导致跨境物流难以实现更高效的业务发展，从而致使海外客户满意度低，削弱消费者购买中小企业的产品的意愿，对跨境电商企业的发展产生严重的影响。

（三）跨境电商出口品牌建设和质量管理不足

为抢抓跨境电商发展红利，部分企业选择销售利润高、易复制生产的产品。南沙跨境电商出口企业大多仍处于成本竞争环节，产品技术含量较低、质量参差不齐、品控不佳。由于产品的同质化，且产品的议价权在原有卖家手中，企业唯有打价格战才能获得市场份额。另外，当前全球跨

境电商正从"铺货"和"平台"模式向"精品"和"平台与独立站并行"模式转型，对南沙跨境电商提出了增强品牌建设、加强研发和提升质量的要求。

三、"一带一路"背景下南沙发展跨境电商对策建议

充分发挥南沙自贸区制度优势，以跨境电商枢纽港建设为契机，以跨境电商产业链条、服务链等为突破口，在更大范围、更宽领域、更深层次促进贸易便利化，打造"买全球、卖全球"跨境贸易通道，助力与"一带一路"跨境电商贸易发展。

（一）完善产业链条，打造良好的跨境电商生态

积极出台相关政策吸引跨境电商运营主体向南沙集聚，协同航运中心建设，打造跨境电商产业集群。积极培育包含制造商、零售商、消费者、物流商、支付商、技术、平台等完整的跨境电商产业链，形成全链条生态体系。以产业园区为平台，规划跨境电商产业园区，推行"一区一品"，积极吸引专业运营商进入园区运营，集聚跨境电商平台、第三方服务商和应用企业等各类服务资源，形成南沙跨境电子商务产业的整体布局。与此同时，积极培育壮大跨境电商服务企业、产业出海标杆企业等跨境电商主体，加速集聚平台、物流、支付、营销、合规、培训、外贸综合服务等生态服务资源。挑选有意愿、有条件转型的外贸企业，以及想拓展海外市场的国内传统品牌、"淘品牌"等，助力其发展成为具有规模效益、品牌效应和引领带动作用强的标杆企业，打造产业出海的南沙样本。

（二）探索模式创新，挖掘跨境贸易潜力

推动辖区内跨境电商企业在"一带一路"沿线国家建设一批跨境电商直播基地，支持"跨境电商＋直播带货"模式，为外贸发展注入新动能。鼓励中小型外贸企业选择"生产基地＋跨境电商出口平台＋跨境物流仓配"的新跨境贸易模式出口商品。大力发展"元宇宙＋跨境电商"，

推动数字安全技术发展，解决数字安全问题，助力元宇宙赋能跨境电商。推动高技术含量产品出海，提高跨境电商出口附加值，与新能源汽车产业结合，为车企提供更优的传播效果和获客能力，助力品牌提升知名度。另外，加强跨境电商企业和物流企业的数字化转型，提高跨境电商枢纽港的运营和配送效率，全方位降低成本。

（三）推动跨境电商品牌化，鼓励跨境电商自主品牌出海

积极扶持品牌出海。加大与国际国内知名数字出海服务平台合作，帮助企业扩大自主品牌出口。借鉴杭州模式，与亚马逊、阿里巴巴等平台企业及跨境电商行业协会合作，推出品牌出海扶持计划。利用数字资源，打造"数字化＋品牌"模式，鼓励中小型跨境电商企业通过"独立站"的方式搭建属于自身的"品牌独立站"，实现个性化营销。加快建立品牌信用评级系统，对品牌建设和产品质量达到一定标准的跨境电商企业进行评级认定，形成跨境电商品牌推荐名录。同时，为跨境电商企业品牌信用评级达到优秀的企业提供优惠政策和海外推广措施。例如，政府可为辖区内跨境电商企业提供重要场合代言、广告宣传等品牌推广资源。

（四）优化服务链，完善跨境电商服务体系

整合供应链物流、仓储、跨境支付、金融服务中心等，建设跨境电商综合服务平台。基于各国法律法规、国情文化、电商平台政策等内容，打造"一带一路"跨境电商卖家交流平台。积极谋划跨境电商征信体系建设试点，搭建全球化的物流供应链服务平台，打造跨境电商生态衍生平台体系。支持本地有条件的制造企业和传统外贸企业依托海外仓积极布局全球供应链，以新渠道开拓"一带一路"沿线国家的新市场。鼓励南沙企业在传统主销市场、RCEP 成员国和"一带一路"沿线等新兴市场以及中欧班列主要节点城市布局海外公共仓。支持企业共建共享海外仓，引导以集群形式布局海外仓，搭建海外营销网络，共同分摊业务成本，提高与物流企业的议价能力，进一步降低物流成本。另外，可由行业协会和政府牵头，以行业龙头企业为领头羊，依托南沙自贸区政策优势，搭建跨境电商销售

渠道，为入驻的企业提供"一站式"的物流、营销、运营、品牌包装策划等孵化扶持服务。

（五）畅通金融链，提供多形式金融服务支持

整合金融机构、第三方电商平台、外贸综合服务企业和支付机构等多方资源，创新互联网金融产品和服务，为跨境电商企业提供更快速、更精准的出口信用保险、资金清算、供应链金融等多种金融服务。如推出"跨境保""跨境通""云税贷"等跨境金融产品，满足企业不同场景下的金融需求。加大对中小型外贸企业出口信用保险的支持力度，适当提高出口信用保险的企业评级。引导跨境电商企业和支付机构申领全球支付牌照，积极探索跨境电子商务人民币结算试点。

发挥外资积极作用　推进南沙高水平对外开放

////////// 暨南大学中国（广东）自由贸易试验区研究院课题组 //////////

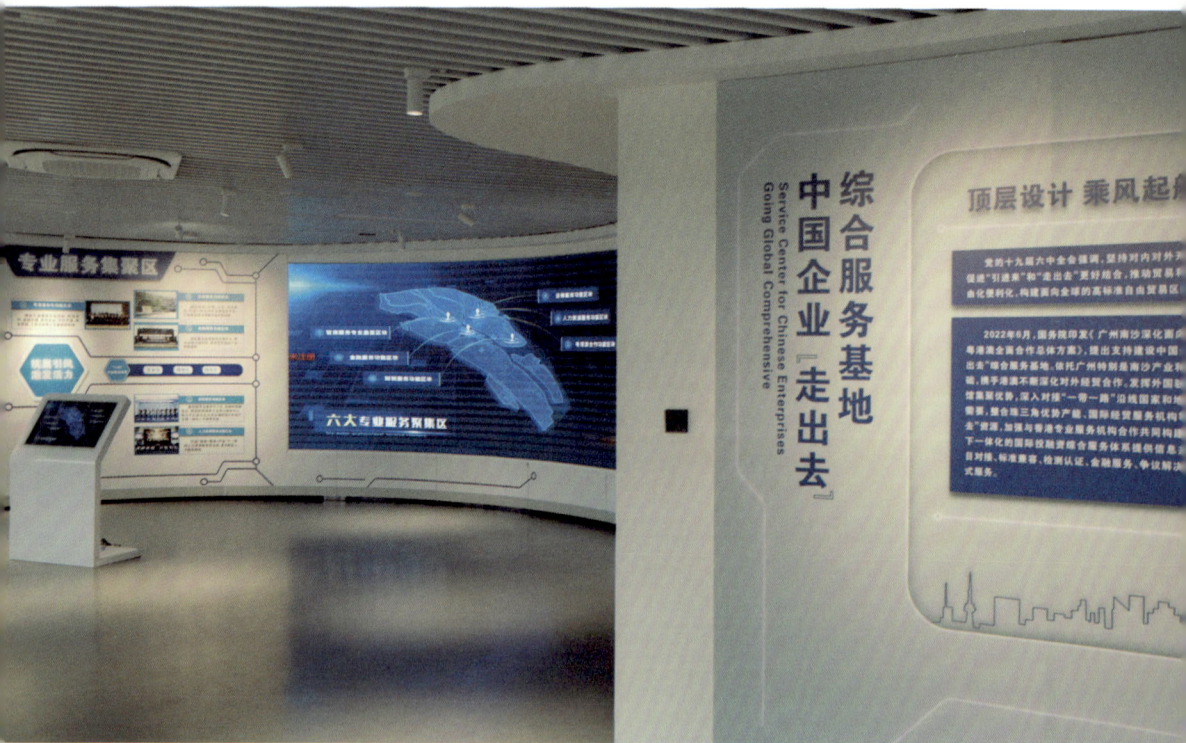

图 5-4　中国企业"走出去"综合服务基地

2022 年中央经济工作会议将"更大力度吸引和利用外资"作为 2023 年的重要工作之一，强调更大力度促进外资稳存量、扩增量。2023 年 8 月，国务院印发《关于进一步优化外商投资环境加大吸引外商投资力度的意见》，提出 6 方面 24 条政策措施，彰显了我国加快推进高水平开放的决心，为更大力度吸引外资提供了政策支撑。2022 年 6 月，国务院印发《南沙方案》，赋予南沙打造成为立足湾区、协同港澳、面向世界的重大战略性平台的新定位。南沙肩负着改革开放探路先行的历史使命，多重政策利好叠加也为南沙深化改革开放提供了广阔天地。面对复杂的全球经济形势，如何发挥外资的积极作用，推进南沙高水平对外开放，是当前亟待研究的重要议题。

一、南沙外资发展现状

（一）外资投资力度不断加大

近年来，南沙不断加大招商引资的力度。据统计，2022 年新签约项目 227 个，总投资额近 4 000 亿元，实际利用外资同比增长 72.78%。可以说，南沙形成了以"芯晨大海"为特色的产业集群，汇聚日本电装、瑞士龙沙、沙伯基础等外资龙头企业，240 多个世界 500 强投资项目在此投资落户。在第二十二届中国国际投资贸易洽谈会上，普华永道携手投洽会组委会首次推出《中国投资热点城市》报告，广州南沙荣登"中国投资热点城市"榜单。

（二）外贸物流服务网络加快形成

南沙承东启西、四通八达，作为广州唯一的出海通道，拥有一流的港口、铁路等基础设施，是连接国内外市场的重要纽带。目前，南沙正加快形成"海陆空"的立体交通网络，通过江海铁多式联运的方式"链"接全球。截至 2023 年 7 月，南沙港区已开通外贸航线 154 条，通达全球 120 多个国家、310 多个港口，累计开出 26 列中欧、中亚班列通往俄罗斯、哈萨克斯坦等国家，成功打造"内陆港 + 海铁联运班列 + 驳船支线"全程物流服务网络。全球四大粮商中的法国路易达孚和美国嘉吉已将它们的中国贸易总部设立在南沙。

（三）政策红利持续释放

南沙发挥自贸区先行先试优势，已累计形成了 857 项制度创新成果，成功打造了商事登记确认制、全球溯源体系、全球优品分拨中心等一批首创性改革品牌，营商环境评价位居国家级新区前三。同时，南沙作为全国首批四个开展跨境贸易投资高水平开放试点的地区之一，13 项试点措施已全部顺利落地实施，交易金额超 216 亿美元。2023 年 6 月，试点企业广药沃博联基金合伙企业完成外汇登记备案、汇入外资资金，合伙企业已完成中基协备案，成为广州市首笔合格境外有限合伙人外资引入案例，标志着南沙跨境投资外汇政策实质性落地。同时，南沙在畅通境内资本对外投资渠道上先行先试，2023 年 2 月落地首个合格境内有限合伙人（QDLP）试点项目，试点额度 10 亿元，提升了境内外资源市场化配置效率，开通"跨境投资双向高速路"。

（四）多措并举，促进人才跨境流动与执业

南沙作为全国首个国际化人才特区，广东省人才重大管理改革举措和创新政策优先在南沙试点；获批了外籍家政聘雇、往来港澳签注等多方面的便利化措施，打造了创享湾、国际人才港、国家海外人才离岸创新创业基地等平台载体，率先设立移民事务服务中心，实行三级联审联批，出台涵盖 6 大重要产业领域 146 项境外职业资格认可清单及配套文件，制定全国首部港澳专业人才在内地申报职称的规范性文件。南沙率先设立了"大湾区国际人才一站式服务窗口"，将涉及 28 个部门共计 450 多项人才服务事项集中到一个窗口办理，并组建国际人才服务官团队用以及时响应人才服务需求。目前，南沙已累计发放广州市人才绿卡 2 000 余张、南沙人才卡 2.4 万余张。

二、南沙吸引外资面临的挑战

（一）成本优势下降导致吸引外资能力减弱

利用国内生产资料进行生产，是外资在我国投资的重要环节。但一方面，我国劳动年龄人口规模减小，工资不断攀升，人口红利下降，劳动成本上涨；另一方面，中美贸易战以来，美国持续针对我国纺织品、信息和通信技术产品等出口品加征额外关税，导致这些产品的流通成本大幅上升，特别是对纺织服装等劳动密集型产品的影响尤其严重。相比其他东南亚国家，我国劳动密集型产品的竞争优势不再明显，因此近年来部分外商也逐步将投资重点转移到越南、泰国等东南亚国家。

（二）贸易投资自由化便利化水平需要进一步提升

贸易投资自由化要回答的是可以干什么的问题，是贸易投资考量的决定性因素。如果没有实现贸易投资自由化，就意味着不是真正的开放，其结果便是难以吸引外资。贸易投资便利化就是要解决怎样干的问题，对外资投资的影响不可小觑。但由于各国政府架构、行政理念、法律条款、管理机制及行业技术标准等方面的具体差异会带来相对隔离，商品、服务、技术、人才、数据、资金等跨境流动仍存在阻碍。尽管引进外资已有一系列战略性支持政策和基础条例，但仍面临诸多限制，存在一些诸如"大门开了，小门不开"的问题。服务业产业壁垒仍有待突破、跨境资金调配与外汇收付渠道有待畅通、跨境研发物品进出口便利化水平有待提高，这些瓶颈的存在遏制了贸易投资自由化便利化水平的进一步提升。

（三）经济全球化遭遇逆流，影响外资投资意向

当前，全球经济复苏乏力，资金流量收缩，贸易保护主义抬头，"逆全球化"思潮甚嚣尘上。欧美国家颁布相关法案，并通过外商审查、贸易防御机制及出口管控等多种手段，抑制关键行业对外投资，限制高技术企业转移。《2022年世界投资报告》显示，2021年各国出台了40余项不利于跨

国投资的政策，进一步限制了跨国投资行为。与此同时，新冠疫情的暴发进一步放大了传统全球分工体系下局部链条断裂带来的风险传染效应，加之俄乌冲突引发的地缘政治危机的加剧，使得全球的供应链和产业链加速调整与重构，企业逐步将维持产业韧性作为全球生产布局战略导向的核心内容，从注重效率优先转变为注重安全优先，放缓全球投资步伐，收缩全球链条。

三、南沙吸引外资的对策建议

（一）大力培育新型比较优势，塑造外商投资新动能

一是充分发挥产业体系引资亮点。一方面，把握国家支持高技术产业发展的政策优势，加大力度引进一批东南亚新兴市场国家和欧洲友好国家的具备实力、潜力的研发机构与企业，努力做大做强 5G 装备、集成电路、人工智能等先进制造业；另一方面，通过不断完善南沙产业体系，引导外资与南沙区内产业链融合式发展，进一步降低外资企业的经营成本、经营风险，从而吸引其加大对南沙的投资力度。二是大力发展智能制造。用好智能制造发展迅速的比较优势，鼓励外资充分发挥资本和技术优势，在南沙建设一批智能制造示范工厂，提升外资企业的智能化和数字化水平，推动外资企业更好转型升级。三是积极争取政策扩大南沙港中转优势。积极争取南沙船舶加油免税政策，充分吸引此前过门不入南沙的国际船舶绕道南沙，推动南沙成为航线交汇和换装的基地。争取给予外籍班轮公司将国内出口货物在南沙中转的权利，真正发挥南沙保税港区境外关内的功能，吸引国内出口货物在南沙中转，推动南沙形成中转枢纽地位。争取放开特殊货类的转关限制，如废五金、废塑料等，通过强化南沙港区全货类作业的功能，推动南沙成为珠三角甚至是沿海港口最为开放的平台之一。

（二）坚持改革试点，提升贸易投资自由化便利化水平

一是推动出入境等便利化改革。实施更加便利的出入境管理政策，逐步实施更大范围免签入境适用政策、延长免签停留时间；优化出入境边防

检查管理，为商务人员、邮轮游艇提供出入境通关便利。南沙在高层次人才投资创业、讲学交流、经贸活动等方面提供出入境便利，对外籍人员赴南沙自贸片区的工作许可实行负面清单管理，放宽外籍专业技术技能人员停居留政策。二是逐步探索开展"三零"试点。自贸区的终极目标是实现高标准的零关税、零壁垒、零补贴。南沙要积极做好"三零"试点探索，加快建立高标准市场体系，为打造高水平的市场经济和对外开放体制交出南沙答卷。三是持续优化《外资准入负面清单》。不断清理负面清单之外的限制性措施，争取在南沙进行小切口试验。可先行探索放宽电信、高等教育、医疗服务外商投资市场准入限制，例如先放宽对外资企业增值电信（包括云计算、数据中心）的 50% 股比限制，再逐步允许外资开展数字贸易业务，为国家有序开放电信、互联网服务产业积累经验。争取在制度型开放的前沿议题如数字贸易规则等方面先行先试。四是加快推进 QFLP 试点。一方面，通过完善和明确省区市金融监管部门权责清单，进一步简化审批流程，规范审批程序，设立自贸区内试点审批快速通道，提升审批效率，推动更多优质企业申报 QFLP 试点，吸引更多外资投资境内优质项目；另一方面，加快制定并实施金融服务业奖励扶持政策，为 QFLP 试点企业提供强有力的政策配套，同时探索建立试点企业获批额度使用情况的动态管理机制，避免出现额度使用率低的情况。

（三）营造一流引资环境，增强外资企业投资信心

一是全面引入"竞争中立"。所谓"竞争中立"，是指国家在市场竞争这一问题上对国有企业和私营企业一视同仁。南沙要结合市场主体对竞争环境的诉求，围绕市场主体市场准入、日常运营、融资担保等环节出台竞争中立的具体政策，规定竞争中立的具体规则、实施路径及豁免情形，设立专门的机构负责监督竞争中立政策的落实。建立常态化的评估机制，准确掌握竞争中立政策的影响范围和落实情况。二是加强知识产权保护。建立健全知识产权保护体系，加大对知识产权侵权行为的打击力度，构建知识产权海外维权体系，为外资企业提供公平、公正的知识产权保护服务。同时，加强对外资企业知识产权保护的宣传教育，提高外资企业保护知识产权的意识。三是健全涉外法律服务体系。加强涉外法律服务体系建设，

为外资企业提供法律咨询、仲裁调解等法律服务。充分发挥南沙国际仲裁中心作用，创新国际商事仲裁新模式，加快建立和完善"3（内地、香港、澳门）+N（其他国家地区）"仲裁庭审模式叠加互联网仲裁。四是放宽跨境职业资格认证领域及职业范围。进一步增加医师、教师、航空人员、注册安全工程师、计量师、审计、社工、船员、房地产评估、高端家政、专业代理人等跨境职业资格认证领域；同时，拓宽以上领域执业范围，推动跨境人才要素的自由流通。

参考文献

［1］李婧，李杨. 新时代制造业利用外资高质量发展的成就与路径［J］. 新视野，2023（2）：79-86.

［2］叶辅靖. 我国高水平开放若干重要问题辨析［J］. 开放导报，2022（2）：7-12.

［3］2022 年世界投资报告：国际税收改革与可持续投资［EB/OL］.（2023-02-08）［2024-03-23］. http://www.cciip.org.cn/upload/files/2023/2/8cd1a749414bd757.pdf.

［4］吴兆春. 建设广州南沙自由贸易港的政策措施研究［J］. 广东经济，2018（4）：64-67.

［5］中共中央　国务院印发《海南自由贸易港建设总体方案》［EB/OL］.（2020-06-01）［2024-03-23］. https://www.gov.cn/gongbao/content/2020/content_5519942.htm.

［6］应品广. 竞争政策的宪政分析：以反垄断法为中心［D］. 上海：华东政法大学，2012.

第六章

打造高质量城市发展标杆

南沙保障性租赁住房公募 REITs 业务模式和实施路径分析

徐于棋　林培堃

图 6-1　南沙青俊人才公寓

在国家积极推动基础设施领域不动产投资信托基金（Real Estate Investment Trusts, REITs）试点工作的大背景下，为加快盘活存量资产，扩大社会投资，形成投融资良性循环，激发市场活力，推动南沙经济高质量发展，开发区政研室联合专业机构经充分调研提出南沙保障性租赁住房公募 REITs 业务模式和实施路径建议。

一、政策背景及意义

REITs 是实现不动产证券化的重要手段。自 2020 年起，国家、省、市先后出台文件推动基础设施领域的公募 REITs 试点发展。[①] 截至 2024 年 2 月，全国共有 30 只公募 REITs 产品上市，资产范围覆盖污水处理、仓储物流和保障性租赁住房等，募集资金约 1 000 亿元。北京、深圳、厦门、上海先后发行保障性租赁住房公募 REITs，募集资金达 80 亿元。

保障性租赁住房公募 REITs，是通过将目标保障性租赁住房项目的预期收益折现后获得新估值在证券市场上市，依法向社会投资者公开募资的过程。以保障性租赁住房为突破口，大力推动公募 REITs 试点工作，有利于落实国家创新战略，拓宽企业融资渠道，实现"募投管退"良性循环，补充财政收入，提升国企运营能力和品牌形象，增强南沙影响力。

二、南沙保障性租赁住房发展现状及存在的主要问题

根据《广州市住房发展"十四五"规划》，南沙"十四五"期间将提

---

① 2020 年 4 月 30 日，《关于推进基础设施领域不动产投资信托基金（REITs）试点相关工作的通知》发布，正式启动基础设施领域的公募 REITs 试点工作。2021 年 7 月，《国家发展改革委关于进一步做好基础设施领域不动产投资信托基金（REITs）试点工作的通知》（发改投资〔2021〕958 号）发布，试点范围增添"保障性租赁住房"，进一步促进国内保障住房行业的健康发展，并将"粤港澳大湾区建设"作为重点支持区域。2022 年 12 月，《广东省发展改革委印发广东省关于加快开展基础设施领域 REITs 试点工作实施意见》（粤发改投资〔2022〕432 号）发布，提出推动广东省基础设施领域 REITs 发展的 15 条措施。2021 年 9 月，《广州市支持基础设施领域不动产投资信托基金（REITs）发展措施》发布，提出广州市支持 REITs 发展的 15 条举措。

供 3.2 万套保障性租赁住房。根据"优势资源资产集中"原则，上述房源分批注入区属国企，实际由广州南沙开发建设集团有限公司（以下简称"开发建集团"）旗下子公司广州南沙人才乐居投资运营有限公司（以下简称"南沙乐居"）承接运营。截至 2023 年年底，南沙乐居运营项目共 7 个，面积为 21.8 万平方米。作为负责运营南沙区域人才房的专营机构，南沙乐居还将继续承接政府房源以及开发建集团旗下其他子公司的保障房项目，预计 3 年后运营总面积将超 50 万平方米。[①]

目前，南沙保障性租赁住房存在的主要问题有：

（一）现有资产运营时限和收益水平距离公募 REITs 门槛要求尚存在一定差距

一方面，对比公募 REITs 资产规模要求和运营时间要求，南沙乐居目前运营资产规模 21.8 亿元（运营总面积 21.8 万平方米，按单价 10 000 元／平方米估算），规模上初步满足要求，但运营时间较短，尚未满足 3 年的发行要求。另一方面，从收益门槛看，南沙乐居现有项目含土地出让价，公允价值较高，因租金受调控限制等因素的影响，若发行公募 REITs，未来 3 年净现金流分派率较难满足 3.8% 的收益要求。考虑到未来发展规模壮大可一定程度降低成本，南沙乐居经成熟运营或可满足收益要求。

（二）底层资产存在权属分散、性质变更等情况，为上市前的资产重组带来一定挑战

一是南沙乐居运营项目主要是开发商的配建房源，开发商向土地开发中心移交房源时，会出现因未能及时缴纳税费而无法移交所有权，仅移交使用权的情况，不符合"底层资产权属清晰"要求。二是当房源从土地开发中心移交南沙乐居时，产权性质由"政府性房源"转变为"商品房"（此举是为确保后续可用于销售），变更性质后的资产是否属于国家认定的纳

---

① 数据来源：南沙乐居。

保项目需要进一步厘清。若以上均符合纳保项目的要求，需要在 REITs 试点申请时强调运营期限制流通。三是区层面保障性租赁住房房源从土地开发中心移交至南沙乐居缺乏直接路径，操作时通过函件确认回收事项，效率低，不利于企业快速整合资产。

（三）运营能力和人才储备、专业机构不足，尚未形成完善的 REITs 服务生态

首先，专营机构的运营能力待考验，开发建集团此前负责南沙保障性租赁住房的运营，2022 年才成立子公司南沙乐居负责专业运营，后者在团队力量和运营经验还不够成熟。其次，区层面尚未搭建全链条运营平台，依然沿用国有资产公开挂网的租赁方式，缺乏类似深圳的租赁管理平台和工具，影响企业租赁管理运营效率。最后，南沙缺乏公募 REITs 行业所需的基金管理人团队、中介服务机构，服务生态有待完善。

三、南沙保障性租赁住房公募 REITs 的模式探析

对照 REITs 要求，虽然南沙当前条件尚不满足发行要求，但具备可行性。建议提前启动筹备工作，选取估值合理的 2 ~ 3 个项目参与试点孵化和实施规划。

（一）提前规划产品结构

现有保障性租赁住房公募 REITs 发行模式均为"公募基金 +ABS"产品结构，即公募基金通过基础设施资产支持证券专项计划持有底层资产。南沙可参考已发行的公募 REITs 提前规划产品结构，有利于明确标的资产、原始权益人、项目公司、交易架构等，精准培育 REITs 项目。

（二）前置设计交易架构

当前已发行的保障性租赁住房公募 REITs 交易架构有两种模式：一

种是直接股债模式，另一种是设立特殊目的的载体（Special Purpose Vehicle，SPV）反向吸收的股债模式。这两种模式本质上都是实现股债关系，选取何种模式取决于对资产重组和税务筹划的考量，如对资金沉淀、存量债务、资产剥离方式等因素的考量。初步探讨以开发建集团及其子公司有关资产作为标的资产，搭建南沙保障性租赁住房公募 REITs 交易架构，可参考以下两个方向：

1. 直接股债模式

参考厦门安居 REITs（见图 6-2），探索以开发建集团为原始权益人搭建交易结构，资产支持证券专项计划通过直接股债模式持有项目资产，指定南沙乐居为运营管理主体，参照 REITs 要求培育 2~3 年，争取实现上市。此模式优势是开发建集团与南沙乐居等存在关联关系，股债关系清晰直接，但弊端是可能会产生项目公司资金沉淀。此外，开发建集团的房地产开发资质可能不符合特殊性税务重组优惠范畴，募集期可能会涉及集团相关信息披露等。

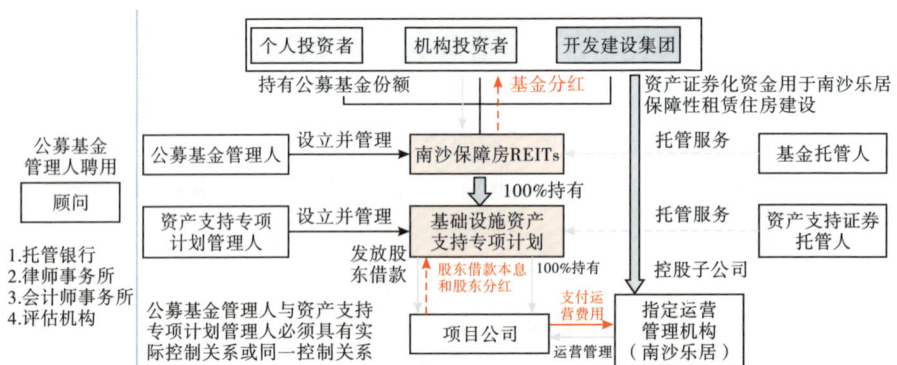

图 6-2 南沙保障性租赁住房公募 REITs 交易架构示意图（直接股债模式）

2. 设立 SPV 反向吸收的股债模式

参考华润有巢 REITs（见图 6-3），探索以南沙乐居为原始权益人搭建交易结构。一方面将项目资产无偿划拨给南沙乐居，另一方面设立多个 SPV 对应收购多个项目。资产支持证券专项计划通过支付股权转让对价，间接持有 SPV 对应的项目资产。南沙乐居作为原始权益人和实际运营管理主体，参照 REITs 要求培育 2~3 年，争取实现上市。此模式优势是将房地产开发业务和租赁住房业务有效隔离，通过 SPV 建立税盾，尽可能减少资金沉淀，但存在项目公司无法按期完成反向吸收 SPV 等问题。

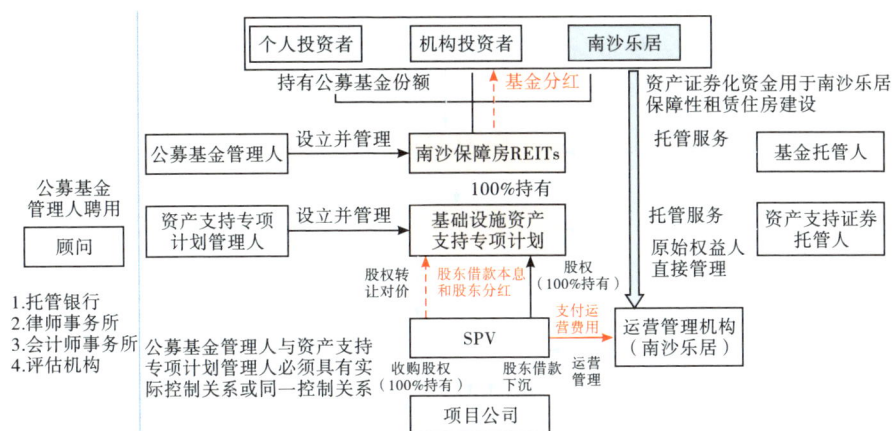

图 6-3　南沙保障性租赁住房公募 REITs 交易架构示意图
（设立 SPV 反向吸收的股债模式）

（三）筹划资产运营模式

南沙保障性租赁住房公募 REITs 提前选取合适项目纳入资产池，规划资产运营模式，有利于确保后续资产收益和运营水平满足发行要求。运营模式应包括项目定位策划、客户运维、收益管理等内容。其中，在项目定位层面可策划大湾区特有的产品主题，如 2025 年全运会、粤港澳大湾区国际人才等主题。

四、南沙保障性租赁住房公募 REITs 的实施路径建议

鉴于保障性租赁住房公募 REITs 专业性强、业务链条长、涉及部门多，建议在深入学习贯彻政策的基础上，借助专业机构的力量，逐步建立起一套符合南沙基础设施公募 REITs 试点工作的机制，按照广州"谋划一批、储备一批、培育一批、推动一批"的工作要求，推动试点工作。

（一）做好顶层设计，搭建政策体系

积极响应国家战略，搭建相应公募 REITs 制度体系，研究出台鼓励政策，在土地供应、税费减免、租金补贴等方面给予优惠，加大试点项目政策力度和配租资源的倾斜支持，优化房源移交路径，明确土地出让条件（配建地块不含地价），建立公募 REITs 试点工作的协同机制、考核体系和激励政策等。

（二）建立工作机制，选聘专业机构提供咨询辅导

成立南沙基础设施领域公募 REITs 试点工作专班，统筹部署，从顶层谋划，由发改、财政（国资）、金融、住建、规自、税务、水务、相关区属国企等部门参与，共同推动试点工作。选聘专业 REITs 服务机构作为咨询服务顾问，参与专班工作，为政府部门及区属国企提供专业咨询辅导。

（三）摸清资产底数，建立试点项目清单

全面盘点南沙存量资产和投资建设中的资产，摸清试点范围内九大行业（交通、能源、市政、生态环保、仓储物流、园区、新基建、保障房及其他）资产底数。建立试点项目清单，按项目权属明晰度、投资合规性、开发阶段、投资收益要求、资产规模要求等建立南沙基础设施公募 REITs 项目储备库，组织培训辅导和孵化。鼓励企业探索具有大湾区特色的公募 REITs，突出特有的差异化定位。

（四）培育公募 REITs 发展的良好生态

积极引进基础设施 REITs 行业相关机构和人才，培育 REITs 基金管理机构，鼓励支持会计、法律、资产评估、咨询等中介服务机构集聚发展，健全南沙公募 REITs 的服务体系。参考成功上市的专营机构运营模式（具体情况见表6-1），提升区属国企平台运营能力和市场化水平。优化国有企业评价考核体系，将发行基础设施 REITs 情况纳入业务考核范围。

表 6-1　中国四城保障性租赁住房公募 REITs 情况

REITs 项目	北京保障房	厦门安居	深圳安居	上海华润 REITs
上市时间	2022-08-31	2022-08-31	2022-08-31	2022-12-09
产品结构	均为"公募基金 +ABS"			
交易架构	设立 SPV 反向吸收	直接股债	直接股债	设立 SPV 反向吸收
主要原始权益人	北京保障房中心有限公司	厦门安居集团有限公司	深圳市人才安居集团有限公司	有巢住房租赁（深圳）有限公司 /（华润置地）
运营管理主体	北京保障房中心有限公司	厦门住房租赁发展有限公司	深圳市房屋租赁运营管理有限公司	有巢住房租赁（深圳）有限公司 /（华润置地）
底层资产估值 / 亿元	11.58	12.14	11.58	11.01
募集资金 / 亿元	12.55	13	12.42	12.08
运营时长	满三年	未满三年	未满三年	未满三年

资料来源：上交所、深交所官网公布的《招募说明书》。

　　基于上述内容，推动南沙保障性租赁住房公募 REITs 是基础设施公募 REITs 试点的重要突破口。试点成功后，南沙可结合特色产业和地方特色，逐步探索推动区域内产业园区、仓储物流、港口码头、污水处理、智能交通、智慧城市等各类资产的 REITs 发行上市，为国家公募 REITs 发展贡献更多南沙样本和南沙经验。

提高人口吸引力集聚力
增强南沙城市发展动能的对策研究

练庆凤　沈　薇

图 6-4　南沙国际人才港

人口规模和增速是影响城市发展的重要因素。特别是在新城发展初期阶段，其需要较高的人口增速来推动人口基数扩大以支撑基础设施、产业布局、公共服务等方面的建设。南沙地处大湾区地理几何中心，在国家、省、市发展大局中的战略定位不断提升，承担着多重战略使命和任务。但作为新城，其人口导入一直是制约南沙发展的短板，人口规模小、增速慢、总体质量不高等问题难以支撑南沙高质量发展。在当前我国低生育率以及人口迁徙路线正在改变的背景下，要深刻认识到强化人口导入对落实《南沙方案》和推动南沙快速发展的紧迫性与重要性，着力解决人口吸引力、集聚力不够的问题。

一、南沙人口总体情况分析

随着产业持续导入及政策红利倾斜，近年南沙人口保持增长态势，总体人口主要呈现以下特点：

（一）人口增速态势较好，但基数偏小，人口密度较低

"十三五"期间，南沙常住人口年均增长率为 5.10%，在 2020 年突破 80 万人，2023 年 10 月户籍人口涨幅 4.11%，位列全市第二位。但从人口基数看，截至 2023 年 10 月，南沙区常住人口和户籍人口分别为 96.19 万人、56.02 万人，均仅占全市人口约 5%，常住人口数量上仅高于北部外围的从化区（见图 6-5）。2022 年南沙区人口密度仅 1 368 人／平方千米，居全市倒数第三，与越秀区（42 582 人／平方千米）、天河区（24 895 人／平方千米）存在较大差距；与同为外围区的番禺区（5 580 人／平方千米）、黄埔区（2 858 人／平方千米）相比，差距亦比较明显。较低的人口密度容易导致市场需求不足难以支撑消费扩张和基础设施及公共服务设施的供应、劳动力不足影响产业发展等问题，不利于释放经济发展潜力。

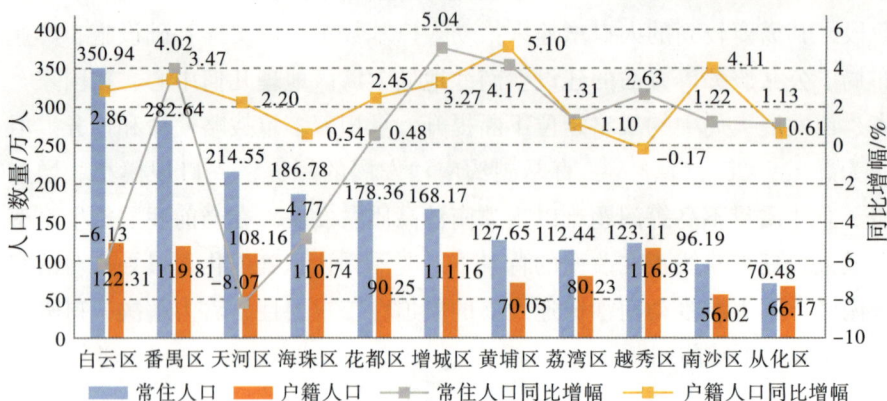

图 6-5　截至 2023 年 10 月广州市各区人口变化情况 ①

（二）就业机会是吸引人口流入南沙的核心因素，优质教育资源汇聚逐渐成为吸引外来人口的一大优势

数据显示，近三年南沙区外来务工人员占流入人员比重平均高达 90%，且形成以制造业为主的劳动力结构。依据手机信令数据测算，2022 年南沙从事制造业人数占比过半（53.1%），批发和零售业占 16.8%，房地产业占 10.7%，租赁和商务服务业占 5.4%，科学研究和技术服务业占 4.8%，高新技术产业、信息产业和服务业从业人数占比相对较低。② 此外，以"借读培训"为由的流动人口呈逐年增长趋势（见图 6-6），说明南沙优质教育资源汇聚逐渐成为吸引外来人口的一大优势。

---

① 数据来源：广州市人口大数据监测系统。
② 数据来源：南沙区发展和改革局。

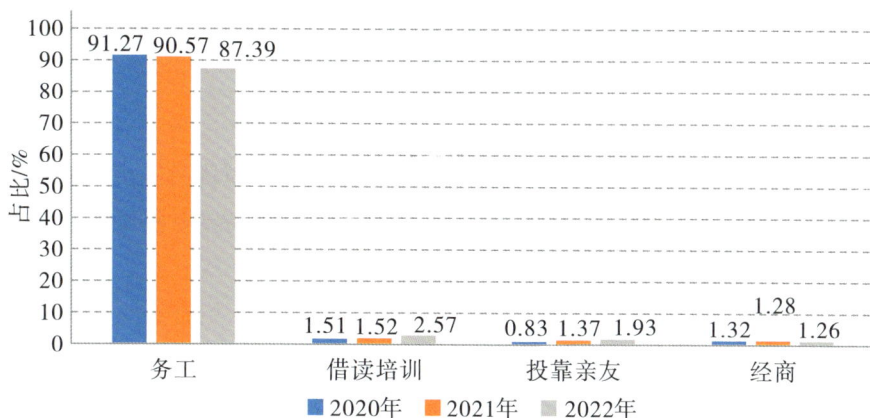

图 6-6 2020—2022 年南沙区流入人口居住事由（前四个）

资料来源：2020—2022 年南沙区来穗人员居住事由统计年报表。

（三）高学历群体增幅领跑全市，但区域整体学历仍偏低，仍有超五成人口为初高中学历

10 年来，南沙每 10 万人中拥有大学文化程度人口以超 150% 增幅领跑全市[①]，高学历人群来南沙发展意愿增强。但从总体人口学历分布来看，南沙大学学历人数处于全市最低水平，而小学学历人数却高居全市第二，仍有超五成人口仅为初高中学历，人口整体文化程度仍有较大提升空间（见图 6-7）。

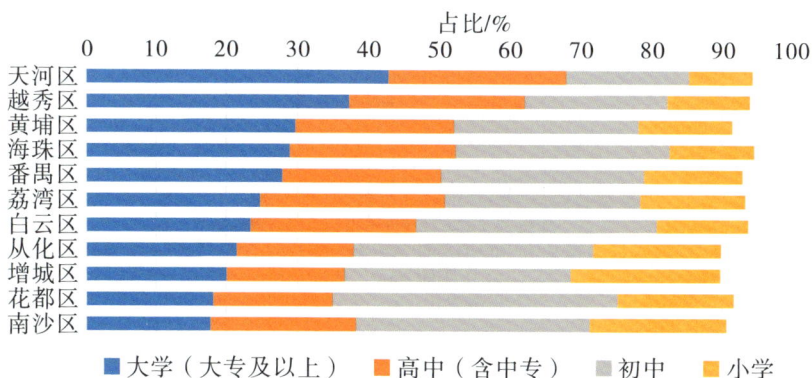

图 6-7 2020 年广州市各区每 10 万人中拥有各类学历人数占比

① 数据来源：《广州市第六次全国人口普查公报》《广州市第七次全国人口普查公报》。

二、南沙人口吸引力优势和短板分析

通过3 258份调研问卷和对重点人群、企业的深度访谈 [①] 发现，南沙虽具备生活居住性价比高、优质教育资源集聚、自然环境优越、战略定位攀升等比较优势，但短板亦较明显，尤其是人口导入等特定政策缺乏、交通医疗等配套不完善问题直接制约南沙人口增长。

（一）吸引人口的四大优势

1. 区域战略定位攀升

南沙作为广州的开发区，战略定位近年来不断攀升，从经济开发区到国家级新区、自由贸易试验区，再到粤港澳全面合作示范区，具备多重战略叠加优势。国家、省、市多次出台规划政策精准统筹，为南沙带来了更多的发展机遇，也增强了其人口吸引力。

2. 南沙生活成本低，居住性价比高

研究表明，居住性支出与人民生活水平和幸福感密切相关。相较其他区，南沙租购房价格具备较大竞争优势，仅略高于花都、增城、从化。问卷调查显示，人们选择在南沙租购房的主因是南沙"房价相对广州其他区域较低"，见图6-8。

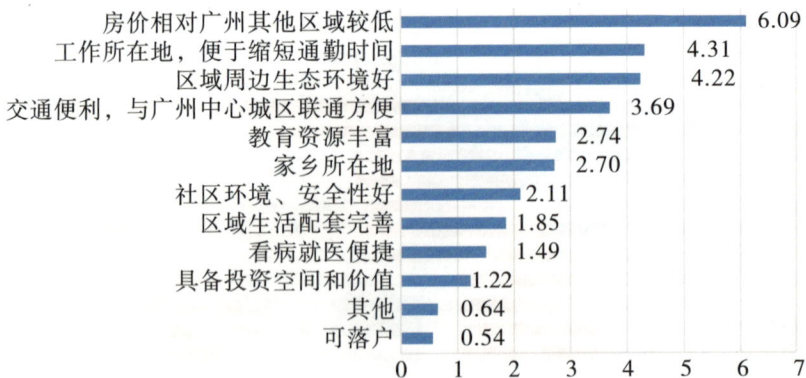

原因	综合得分
房价相对广州其他区域较低	6.09
工作所在地，便于缩短通勤时间	4.31
区域周边生态环境好	4.22
交通便利，与广州中心城区联通方便	3.69
教育资源丰富	2.74
家乡所在地	2.70
社区环境、安全性好	2.11
区域生活配套完善	1.85
看病就医便捷	1.49
具备投资空间和价值	1.22
其他	0.64
可落户	0.54

图6-8　在南沙租房、购房的原因（综合得分）

资料来源：南沙区提高人口吸引力集聚力调查（企业版）问卷结果。

[①] 开发区政研室于2023年8月通过面向公众和企业发放回收共3 258份调研问卷，并组织12家人力资源与房地产相关企业及一批重点人群代表开展座谈调研和深度访谈。

3. 优质教育资源加速落户南沙

子女教育愈发成为城市留住人口的重要因素。近年来，南沙按照"存量提质、增量提速"的思路，通过引进、建设新学校及集团化办学等方式不断扩充优质教育资源，2022 学年共有学校、幼儿园 239 所，拥有市教研院、执信、市二中、广铁一中、广大附中等优质教育品牌 13 个，可提供优质学位 6 万余个，已成为全市汇聚最多优质基础教育资源的区域之一。调研发现，来南沙购房的群体绝大部分来自番禺，且主要为解决子女教育问题。

4. 自然生态环境良好，居住幸福感强

问卷调查显示，"区域周边生态环境好"成为人们选择在南沙租购房的第三位因素。南沙以水为脉、以山为屏、以田为底，各项环境指标均居全市前列，2011 年荣获联合国"全球最适宜居住城区奖"D 类金奖，并相继在 2019 年、2022 年被评为"中国最具幸福感城市（城区）"。优质生态环境成为吸引人口定居南沙的重要因素。

（二）吸引人口的三大短板

1. 对人口导入的重要性认识不足，缺乏特定政策的有效支持，可调用资源不足

作为新城，南沙在发展过程中未充分认识到人口导入的重要性，对"需要哪些人来南沙""哪些人会来到南沙""人来南沙干什么"等问题认识还不够清晰。且由于各种原因，差异化的新城人口导入政策一直未能出台实施，南沙人口长期处于自由发展状态，人口导入实效相较广州市其他区差距较大。2012 年至 2023 年，南沙设立新区至今新增 30.23 万人，明显低于这期间同为外围人口流入地的番禺（108.24 万人）、黄埔（76.44 万人）、花都（68.92 万人），近 2 年人口增速更是下跌了 3% 左右（见图 6-9）。另外，自 2023 年年底番禺及周边市县陆续解除限购以来，购房群体被进一步分流，南沙居住人口增长后劲不足的同时，还将面临由于人口导入不足新房去化压力持续增大的隐忧。

图 6-9　2012—2023 年广州市各区常住人口数量及增量情况

2. 交通配套难以满足出行及通勤需求，影响居住人口、工作人口流入

公交方面，供给不足与高空载率并存，南沙目前已有公交线路 103 条①（辖区陆域面积 570 平方千米），相比黄埔运营公交线路 404 条②（辖区面积 484.17 平方千米）差距较大。同时，南沙存在乘客密度大的区域车辆运力不足、班次不够密集，而乘客稀少的区域车辆空载率高、运营间隔时间较长（部分线路间隔时间甚至长达 1 小时），以及与地铁接驳的线路多为长线，时效无法保障等问题。轨道交通方面，4 号线车速较慢，难以承担南沙往返广州中心城区的通勤任务；18 号线不经过人口最稠密的南沙街（22 万人）、东涌（18 万人）、黄阁镇（10.4 万人），且无法与贯通南沙的 4 号线换乘，只能通过自驾或者公交换乘的方式前往。以乘坐公交从横沥地铁站到蕉门地铁站为例，至少需耗时 25 分钟，自驾则面临地铁站附近停车难问题。快速道路方面，当前南沙的快速路口离配套成熟的人口密集片区较远。以蕉门片区为例，上虎门大桥就需花费至少 20 分钟，且联通深圳、东莞等地的南沙大桥、虎门大桥两大主道的过路费用较高，普通家用

---

① 2023 年南沙区统计数据。
② 2023 年 6 月，黄埔区统计数据。

汽车从区政府经虎门大桥前往东莞松山湖单次往返费用高达 100 元，一个月路费就要 2 200 元（22 个工作日），对比广州市其他区通勤东莞、深圳的成本相对较高（如从黄埔区政府前往东莞松山湖单次往返过桥费仅约 42 元），这成为制约周边地区人口在南沙居住的重要原因。问卷调查显示，南沙企业在招聘过程中遇到的首要困难便是"公司所在地位置偏远，交通不便，应聘者不愿前往公司应聘"（见图 6-10）。

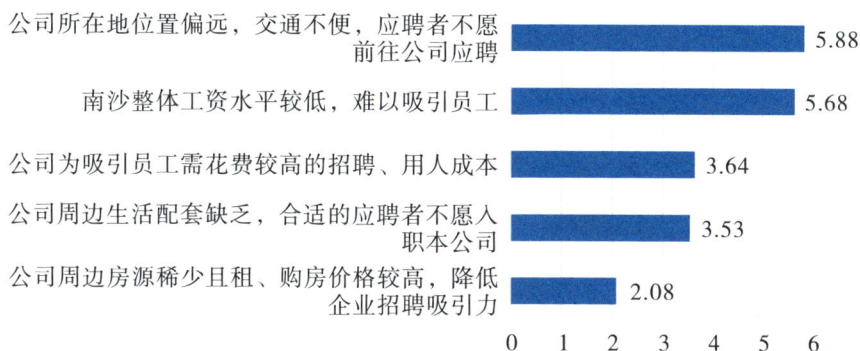

公司所在地位置偏远，交通不便，应聘者不愿前往公司应聘　　5.88

南沙整体工资水平较低，难以吸引员工　　5.68

公司为吸引员工需花费较高的招聘、用人成本　　3.64

公司周边生活配套缺乏，合适的应聘者不愿入职本公司　　3.53

公司周边房源稀少且租、购房价格较高，降低企业招聘吸引力　　2.08

0　1　2　3　4　5　6

图 6-10　企业在招聘过程中遇到的困难（综合得分）

资料来源：南沙区提高人口吸引力集聚力调查（企业版）问卷结果。

3. 优质医疗资源未充分释放，难以满足居民日益增长的医疗服务需求

调研发现，50.47% 的受访居民认为南沙医疗资源丰富度、就医便捷程度急需改善。原因在于南沙虽已引进中山一院（南沙）、广东省中医院南沙医院等 7 家高水平医院，但目前仅中山一院（南沙）开业，且自 2023 年 3 月启用以来并未充分释放其优质医疗资源效能，院内大部分医生是从本部轮流到南沙院区上班，并未真正将优质医疗资源导入南沙分院。以就诊需求较多的儿科门诊为例，网络挂号平台显示，总院共开设了 11 个门诊，但南沙院区只有 2 个门诊，且可选择的医生较少，远不能满足南沙居民就医需求，更无法实现预期的辐射湾区效果。此外，南沙现有区属医院存在医疗服务水平不高、硬件设施陈旧等问题，无法为居民提供优质医疗服务。调研中较多居民反馈宁愿舍近求远，前往番禺甚至市区医院就医，而这严重影响了居民的居住满意度。目前，南沙流入人口中逾 8 成为中青年（见图 6-11），广州市妇女儿童医疗中心南沙院区自 2017 年 4 月开工建设至今仍未开业，这几乎成为当地居民每年关心的热点问题。妇儿医疗服务资源紧缺的问题若无法得到较好的缓解，将大大削减南沙人口吸引力和集聚力。

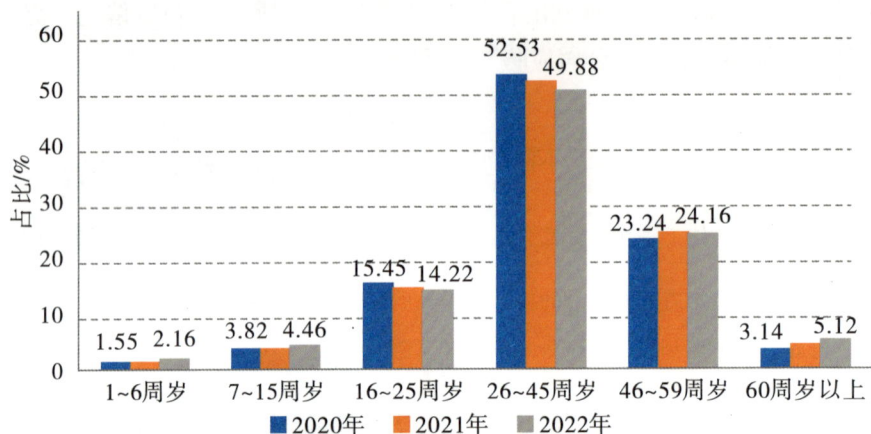

图 6-11　2020—2022 年南沙区流入人口年龄分布

资料来源：2020—2022 年南沙区来穗人员年龄分布情况统计年报表，中大咨询项目组整理分析。

三、吸引人口成效显著地区的成功经验

综合地区人口增速、人口活力指数、人才吸引力指数等指标，项目组重点选取深圳、成都等 19 个城市（区）开展标杆研究。综合来看，上述地区吸引人口的关键因素主要包括人口政策、特色产业、住房保障、教育医疗、商业配套及城市营销等，其中天津滨海新区、深圳、成都、杭州、合肥的常住人口增速较快（见表 6-2）。为充分了解不同区域人口发展成功经验，分别从国内其他城市中选取吸引人口成效显著的、对南沙提高人口吸引力具备可借鉴经验的地区开展深度研究。

表 6-2　标杆城市（区）选择及依据

标杆城市（区）	常住人口增速/%	户籍人口增速/%	人口活力指数	人才吸引力指数
天津滨海新区	9.00	2.71	——	——
深圳	6.28	5.11	72.31	87.7
成都	5.43	1.26	72.02	70.5
杭州	4.77	−2.60	72.88	73.1
合肥	3.56	1.09	——	39.6

数据来源：智联招聘和泽平宏观《中国城市人才吸引力排名：2022》；百度地图《2022 年度中国城市活力报告》。

（一）天津滨海新区：紧抓北京非首都功能疏解机遇，构建极具吸引力、系统有效的引人留人政策体系

宽松的落户、购房政策，是城市"引人"的重要手段。自《京津冀协同发展规划纲要》印发后，天津滨海新区抢抓北京非首都功能疏解窗口期，从 2018 年开始精细服务北京人口疏解，构建极具吸引力、系统有效的引人留人政策体系。截至 2022 年年底，天津滨海新区集聚海内外人才总量超 85 万人（约占 2020 年总人口的 41%）。其主要做法：一是不断放宽落户条件，降低落户门槛，深化户籍制度改革。2018 年推出"租房落户"、突出贡献企业纳税落户、"优秀外来建设者"落户和双创"就业即落户"等多种特色落户政策，同时在全市率先推行京津冀异地就医普通门诊直接结算"免备案"工作，减轻异地就医办理手续负担，1 年成功吸引 6.2 万余人落户"滨城"；并从 2020 年开始陆续印发了"海河英才"行动计划、鲲鹏计划、《滨海新区落实支持"滨城"建设若干政策措施的工作方案》《滨海新区户籍制度实施细则（试行）》等文件政策，对高校毕业生和在校生、产业工人、京津冀协同重点企事业单位员工等人群，分别提出了相对便利的低门槛甚至无门槛的落户渠道。相关数据显示，截至 2022 年年底，天津

滨海新区已经汇聚海内外人才超85万人（约占2020年总人口的41%），引进了一大批技术骨干、管理人才和能工巧匠。二是重点在产业园区附近提供保障性住房，并向上级争取进一步放宽购房限制。天津滨海新区根据人口分布和产业布局，着力推动在产业园区周边、轨道沿线等租赁需求旺盛区域筹集保障性租赁住房，契合区域产业发展的目标，提升产业工人的居住满意度，进一步推进"职住平衡"。天津市在2020年出台的《关于印发支持滨海新区深化改革开放加快推动高质量发展具体落实举措》明确，将房地产市场调控权责全部下放到滨海新区政府，落实调控政策向滨海新区倾斜，并在2021年进一步完善调控政策，提出"津城""滨城"自有住房分开计算的限购措施，满足"滨城"职工在双城的合理居住需求。

（二）杭州市：聚焦青年群体构筑就业创业良好生态，近三年成功吸引35岁以下大学生超150万

得青年者得未来，青年是城市发展的长期战略性要素。不同于其他城市仅专注于招引顶尖高层次人才，杭州市将青年引育置于同等战略高度，通过给予就业创业保障，吸引大量人口集聚杭州，自2020年以来成功吸引35岁以下大学生超150万。一是通过大力发展软件与信息服务、数字内容、电子商务等对年轻人有大量需求的数字产业，打造青年群体"强磁场"。2022年杭州共有数字企业142 383家，吸纳数字经济就业人口总量超300万，其中信息传输、软件和信息技术服务业就业人口增速最快，从1.8%升至6.0%。二是从制度顶层设计到配套保障措施全面支持青年人创业，通过创业的成功进一步刺激青年人口集聚。自2008年以来，杭州先后制订实施6轮大学生创业三年行动计划，构建大学生生活补贴、创业项目资助、场地补贴和创业担保贷款等"一条龙"的政策扶持体系，着力破解大学生初创企业"无资金、无场地、无经验、无人脉"的"四无"难题，15年来累计资助大学生创业项目1万个，发放大学生生活补贴人数50余万人，资金逾70亿元。目前，杭州共建立26家市级大学生创业园，全市备案大学生创业企业3.2万余家，集聚创业大学生5.5万余名，带动就业11.8万人。

（三）合肥市：前瞻布局"链式"战略性新兴产业集群，激活近 40 万用工需求

战略性新兴产业处于快速发展期，吸纳就业能力强。数据显示，芯片、新能源汽车、新材料等新兴领域新发应届生职位需求增幅均超 100%。合肥近年常住人口增长率高达 13%，GDP 在 2022 年突破万亿元，成为新一线城市中的黑马，得益于其抓住了战略性新兴产业快速发展的窗口期。早在 2008 年，合肥便开始前瞻布局显示面板、芯片、新能源汽车等链条长、相关性强的战略性新兴产业集群，以产能增长带动巨大的用工需求，成功集聚相关产业就业人员近 40 万人。一是早期大力布局战略性新兴产业生产环节，由此创造了充足的就业机会，吸引大量劳动人口前来就业。以合肥下塘比亚迪生产基地为例，仅零部件工厂工人达 1.7 万人，在用工量高峰时，每月有 7 000 个岗位需求。二是利用大院大所集聚优势，为战略性新兴产业提供丰富的高适配人才，同时吸引并留住高素质人才，持续为产业发展壮大输送人才，推动形成产业集聚人才、人才支撑产业的互动发展局面。数据显示，合肥现有高校 60 所，研发机构 21 家，已集聚各类专业技术人员超 100 万人，2022 年主导产业、战略性新兴产业吸引各类人才超 40 万人，新招引高校毕业生首超 30 万人。

四、提升南沙人口吸引力集聚力，增强城市动能的政策建议

（一）加强谋划工作，打好政策组合拳，快速扩大南沙人口规模

一是做好人口顶层设计，加强人口导入规划的制定和实施。据悉，《广州市差别化入户市外迁入管理办法》即将出台实施，为抓住政策机遇，南沙应提前做好谋划，吃透用好市的政策，制订本区相应的人口导入计划，明确人口导入的目标、方式和时间表。可参考天津滨海新区，设立人口管理服务中心，形成面向常住人口、流动人口、特殊人群等群体，融指挥、服务、研究功能于一体的人口服务管理体系。二是争取试行"粤港澳大湾区 9 市的人才入户积分，在南沙可获累计认可"，扩大南沙大湾区人口吸引辐射范围。南沙可以推动落实《中共中央　国务院关于构建更加完善的

要素市场化配置体制机制的意见》中关于"探索推动在长三角、珠三角等城市群率先实现户籍准入年限同城化累计互认"的任务要求为契机，向上级部门争取在南沙试行大湾区积分落户互认机制，实现"粤港澳大湾区9市的人才入户积分，在南沙可获累计认可"，通过政策破除大湾区人口流动的落户机制障碍，促进粤港澳大湾区其他城市的人口流入，扩大南沙大湾区人口吸引辐射范围。三是立足于区域发展需求，争取设置多样化落户方式，让更多在南沙创业就业人口成为新市民。户籍制度是吸引人口的重要环节，近年来多地密集推出户籍改革新政，拓宽落户渠道，降低落户门槛，人口吸引成效显著。南沙可以《广州市差别化入户市外迁入管理办法》为契机，向上争取依据自身发展需求探索开展投资落户、购房落户、居住证落户、就业落户、技能落户等多元化落户途径，吸引一批在南沙创业就业人口入户成为新市民。

（二）产业支撑叠加政策优势，打造青年流入"强磁场"

一是善用中小企业吸纳就业作用，大力引进高成长性中小企业，为青年提供更多就业机会。争取在政策上给予中小企业公平待遇，建立中小企业专业技术人员职称评定绿色通道和申报兜底机制，健全职业技能等级（岗位）设置，落实科研项目经费申请、科研成果等申报与国有企事业单位同类人员同等待遇，提高就业人口在中小企业就业的获得感，充分释放中小企业对于就业人口的吸纳优势。二是瞄准大学生群体，做好港科大（广州）和大学城毕业生就业创业资源对接服务工作，吸引和留住更多大学生在南沙就业创业。推动重点企业、合作中介服务机构走进港科大（广州）和大学城高校，深度挖掘企业需求和大学生创业项目，建立企业需求库和技术资源库，推动港科大（广州）和大学城创业青年携相关项目与重点企业建立共享机制。另外，面向港科大（广州）、大学城和全国大学生群体，畅通用人企业和高校毕业生的招聘就业通道，组织区内重点企业到高校参加招聘会和校企洽谈，开展如政校企合作洽谈会、重点高校巡回引才、民营企业引才服务月等专场招聘活动，打通用人单位与求职者之间的信息壁垒，吸引和留住更多大学生在南沙就业。三是做好政策多样化宣传和兑现服务，充分释放人才引进政策效应，争取吸引一批基础性青年人才扎根南沙。通过多元化的宣传渠道、高校和职业机构合作、一站式政策兑现服务、营造良好的人才生态环境、青年人才培养计划以及人才反馈机制等措施，用足用好《广州南沙国际化人才特区集聚人才九条措施》《广州南沙优化人才服务保障实施细则》等人才引进政策，争取吸引一批基础性青年人才扎根南沙，为区域的经济和社会发展提供持续的动力。

（三）紧抓交通，打造大湾区 1 小时通勤圈，拉近与南沙时空和心理的距离

一是优化公交线路，增加公交客流量。根据滴滴公司的数据，轨道站点的接驳是滴滴订单的重要来源。因此，针对南沙目前短期内无法实现 4 号线与 18 号线换乘、18 号线站点远离人口密集区的问题，加快优化中心城区、人口密集区、产业集聚区到 18 号线的公交线路，增加早晚高峰的短线公交接驳或地铁专线公交，解决居民"最后 1 公里"的交通问题。二是探索路桥差异化收费，降低市民交通成本，提高居民出行满意度。积极向省级政府部门争取通过政策性减免、企业自主降费、政府购买服务等方式，降低虎门大桥、南沙大桥及尚待开通路桥线路交通费用；同时联合市交通部门从路段、车型、时段、对象等维度开展南沙辖区内各路桥差异化收费研究，进一步降低交通成本，增强周边区域人口吸引力。三是修建"短平快"高快速出口，提高跨区域长距离通行速度，增强对深圳、东莞及中山等地的人口吸引力。优化南沙高快速路出口布局，借鉴华南快速穿过天河区的经验，会同国土、规划等相关单位开展研究，针对区中心、产业园集聚地等人口密集片区，争取多修"短平快"小型出入口及相关立交匝道，高效衔接虎门大桥等通道，争取实现任意一点 3 ~ 5 公里以内出高快速路，缩短时空距离。四是谋划有轨电车，加快推动与广州中心城区的地铁轨道交通建设，吸引更多人口来南沙居住。借鉴海珠、黄埔有轨电车的建设经验，结合片区发展规划、人口和就业岗位密度、交通需求等因素，谋划建设有轨电车连接 4 号线和 18 号线，满足人口密集片区的通勤需求，改善居民交通出行质量的同时，打造南沙新风景线和地标。同时，向广州地铁集团争取适时适当加密 4 号线发车频率，加快地铁 15 号线、22 号线南延段、26 号线等轨道交通的前期研究工作，力争早日开工建设。

（四）以中山一院为抓手，释放医疗资源优势，提高医疗服务水平，吸引更多居民来南沙就医

一是加强区对中山一院（南沙）的绩效及结果应用，加速优质医疗资源导入，提高大湾区人口就医辐射力。对照"全国三级公立医院绩效考核"体系，构建以医疗质量、运营效率、持续发展、满意度评价为主要维度，涵盖医生出诊效率、技术空白增补、专家下沉、服务品质和专科声誉等核心指标的绩效考核指标体系。同时，将绩效考核结果作为公立医院发展规划、重大项目立项、财政投入、经费核拨、绩效工资总量核定的重要依据。另外，进一步丰富开诊科室，尤其增加产儿科、呼吸内科、感染病科等就诊人数多的科室，推动中山一院优质医疗资源导入提质增效，打通群众看病"最后一公里"。二是加强区属医院特色专科建设，补足配套设备及培育人才梯队，提升南沙居民就医获得感及满意度。加大对区属医院发展的支持力度，充分挖掘各医院的优势医疗专科，与区内三甲医院组建专科医疗联盟，打造南沙医疗品牌；通过专项贷款与财政贴息配套重点更新诊疗、临床检验、重症、康复和科研转化等医疗设备，补齐医院各常规检查项目短板，提升医院诊疗水平，提高本地居民就医满意度。

（五）多渠道满足居民住房需求，满足新市民住房需求

一是以政策利好吸引更多人口来南沙居住。争取试行大湾区内跨城使用公积金在南沙购房，同时结合南沙人才引进政策推出优惠购房方案，实施人才在规定范围内购房享受团购价、装修折扣等优惠；已领取南沙人才卡的人可享受低贷款利率、贷款期限延长、人才优先选房等优惠。另外，基于目前入学需人户一致的现状，南沙可提供"购房 + 教育"组合权益，探索在学位相对宽裕的片区试行只要提供购房合同就能正常申请入学，依托教育资源优势吸引更多年轻家庭来南沙购房安居。二是多渠道盘活存量住房，增加保租房与人才房供给，发挥对新市民的吸纳作用。积极引入开发运营企业参与公共住房建设，探索开展保障性租赁住房 REITs 以及"以租换购"，以筹集更多房源，并面向普通新市民供应。探索将现有部分商品房房源转化为人才房，鼓励房地产开发企业、经纪机构采取"卖旧换

新"模式，为参与"换新购"的购房者提供专属房源和优惠方案，同时将"卖旧"的房屋作为临时人才房使用以盘活闲置资产。三是打造"青年驿站"，增强青年归属感和幸福感。为充分解决来南沙的毕业生求职难、住宿难问题，借鉴深圳、杭州做法，为来南沙求职的应届毕业生免费提供短期住宿服务，打造留住青年人口的"第一站"。

（六）加强城市品牌打造，实现城市与人口情感共鸣，吸引人口自发集聚南沙

目前，南沙城市品牌不鲜明，缺少地标性形象，与周边地区相比，城市显示度不高，尚未形成强有力的人口吸引力和集聚力。建议可成立区域形象宣传团队，充分挖掘南沙本土资源禀赋，打造独具南沙特色的现代化城市 IP，吸引人口自发集聚南沙。一是以高人气活动赛事为突破口，打造"运动南沙""活力之城"等主题 IP 地标，吸引大量年轻游客。充分利用亚热带季风性海洋气候和丰富自然地貌优势，积极培育或承办帆船、皮划艇、马拉松、公路自行车、网球等年轻人热衷的户外活动，推动南沙 299.36 公里滨海绿道、南沙游艇会、皮划艇基地等建设成为南沙特色主题 IP 地标，吸引更多年轻游客。二是依托永久会址和全民文化体育综合体项目，打造南沙地标性建筑。借鉴杭州世界互联网大会经验，充分利用现有南沙国际会展中心和大湾区科学论坛永久会址（在建）以及全民文化体育综合体项目，提前谋划布局高端商业、酒店集群、国际办公、文化旅游等多种业态，提高商务接待、国际化服务保障能力，争取举办国际影响力强、与城市战略性新兴产业发展关联度高的经济、科技、文化、旅游等高端活动，输出南沙产业发展金名片，提升国际影响力和传播力，持续打造城市磁极。三是激发现有商业综合体活力，打造"年轻人最爱"的体验式商圈。番禺凭借"年轻+创新"长隆万博商圈每年吸引客流量高达 1.5 亿人次，南沙可以打造重点商圈为抓手，在满足消费需求的同时，实现城市品牌"出圈"。如通过引导现有商业综合体围绕年轻人喜好，打造"社交+游玩"模式、"第三空间"，引进赛博朋克、元宇宙等多种主题街区、新潮消费热点和网红打卡点，丰富消费者的体验空间。同时，强化流量思维，多途径开展创意营销，引入地方类、生活类网红在重点商圈/景区打卡，

链接抖音、小红书等渠道全方位推广南沙，借助音乐 MTV、城市主题挑战、抖音达人深度体验、抖音版城市短片等热门视频与挑战活动，让南沙形象深入人心，增强城市吸引力，打造人口"引力场"。

参考文献

［1］第一资源．第一观察｜《2022 全国青年人才就业趋势洞察》：求稳成择业趋势［EB/OL］．（2022-08-18）［2024-06-24］.https://mp.weixin.qq.com/s/0fZKjtNc2Fumif1JLmhypw.

［2］懂车帝．合肥下塘比亚迪规模曝光，仅零部件工厂工人达 17000 人［EB/OL］．（2022-01-05）［2024-06-24］. https://www.dongchedi.com/video/7049724397879296542.

［3］杭州落户宝．"杭州吸走北京上海人才"，不信你可以看数据［EB/OL］．（2023-03-02）［2024-06-24］. https://www.bilibili.com/read/cv22145108/.

［4］杭州日报．欢迎新伙伴！杭州举行青年人才迎新活动　推出首批 500 套"青荷驿站"［EB/OL］．（2023-08-28）［2024-06-24］. https://hzdaily.hangzhou.com.cn/hzrb/2023/08/28/article_detail_1_20230828A018.html.

［5］杭州市人力资源和社会保障局．打造创新创业新天堂——杭州全力促进高校毕业生就业创业［EB/OL］．（2023-05-30）［2024-06-24］. https://www.sohu.com/a/680537969_121687421.

［6］合肥市人民政府．聚才　留才　用才［EB/OL］．（2023-02-03）［2024-06-24］. https://www.hefei.gov.cn/ssxw/ztzl/zt/zxjpxsdzgtsshzysxzyx---xsdxzwxpz/108558339.html?eqid=ba6babd300002fe80000000664672544.

［7］经济地理．佳文推荐｜从数字产业化到产业数字化：杭州案例的实践［EB/OL］．（2023-04-24）［2024-06-24］.https://mp.weixin.qq.com/s/uFW1YXhvfox9TQxsngTeYA.

［8］澎湃新闻．观察｜实有人口突破 1 234 万，合肥人口为何能持续逆势增长？［EB/OL］．（2023-08-22）［2024-06-24］.https://www.thepaper.cn/newsDetail_forward_24318846.

［9］搜狐网. 滨海新区去年吸引 6.2 万余人落户 | 他们主要来自这些地方……［EB/OL］.（2019-03-14）［2024-06-24］.https://www.sohu.com/a/301250846_239020.

［10］央视网. 一年吸引 30 万高校毕业生，合肥靠啥［EB/OL］.（2023-07-11）［2024-06-24］.https://news.cctv.com/2023/07/11/ARTIfmp5v86ZxqJZyLei9Klb230711.shtml.

［11］宜宾日报. 无中生有：战略性新兴产业　如何在合肥精准落子［EB/OL］.（2022-05-05）［2024-06-24］.https://mp.weixin.qq.com/s/_Ss1FiWzPLYdYXcDlTcgzA.

［12］浙江在线. 杭州今年计划引进 35 万 35 岁以下大学毕业生，以数字经济人才为主［EB/OL］.（2023-02-26）［2024-06-24］.https://zjnews.zjol.com.cn/zjnews/hznews/202302/t20230226_25466049.shtml.

［13］浙里杭州. 又是一年"潮创季"　杭州再次"放大招"了［EB/OL］.（2023-08-30）［2024-06-24］.https://mp.weixin.qq.com/s/P9yj1fZcZVT4WfS-Vlsudw.

以南沙国际邮轮母港为抓手
推动大湾区邮轮经济高质量发展

肖淑云

图6-12　南沙国际邮轮母港开港开航

《粤港澳大湾区发展规划纲要》提出，要推进大湾区旅游发展，有序推动广州国际邮轮港建设，进一步增加国际班轮航线，探索在合适区域建设国际游艇旅游自由港。邮轮游艇产业链长、带动作用大，对提升现代服务业水平、促进海洋经济发展具有重要意义。2023 年 3 月底，交通运输部印发《国际邮轮运输有序试点复航方案》，试点水路口岸先暂定上海、深圳邮轮港口，后续视情况增加。南沙国际邮轮母港作为国内最大邮轮母港综合体，新冠疫情前游客接待量连续三年居大湾区首位、全国第三。为抢抓全球邮轮复航机遇，建议以南沙国际邮轮母港为抓手，抓紧推动其纳入复航试点①，助力大湾区邮轮经济高质量发展。

一、我国邮轮产业发展情况分析

（一）基础设施渐趋完善，市场前景广阔

一是我国邮轮港口布局渐趋完善。《全国沿海邮轮港口布局规划方案》提出，2030 年前全国沿海形成以 2 至 3 个邮轮母港为引领、始发港为主体、访问港为补充的港口布局，构建能力充分、功能健全、服务优质、安全便捷的邮轮港口体系。截至 2022 年年底，全国邮轮港口 33 个，其中邮轮母港 16 个，并已形成长三角、京津冀—渤海湾、粤港澳、南海、北部湾五大邮轮经济圈的发展格局。② 二是我国邮轮市场蕴藏巨大发展空间。2006—2019 年，我国邮轮市场经历了黄金发展期，并快速成长为仅次于美国的全球第二大邮轮市场。根据上海社会科学院的估算，2019 年国际邮轮公司对我国的直接经济贡献为 140 亿元，带动总体经济贡献 358 亿元，创造就业岗位约 6.7 万个。自 2023 年以来，我国旅游业强势复苏。携程旅行数据显示，"五一"期间国内游订单同比增长超 7 倍，出境游预订同比增长超 18 倍。③ 快速增长的旅游消费需求为邮轮经济奠定了良好的发展基础。

---

① 该文撰写于 2023 年 7 月，广州南沙国际邮轮母港已于 2024 年 6 月 25 日恢复常态化运营。
② 许静娜，沈世伟，SOTIRIADIS M. 长三角一体化背景下环杭州湾近海邮轮旅游发展［J］. 水运管理，2023，45（1）：30–34.
③ 数据来源：携程旅行。

（二）全球邮轮经济发展不平衡，我国邮轮政策环境有待完善

一是全球邮轮经济发展不平衡。在邮轮经济较为发达的欧美国家，邮轮直接经济贡献主要由总部经济、船供产品采购、船舶建造和维修、员工工资等构成，游客和船员消费占比不足 20%。我国邮轮产业直接经济贡献中，游客和船员消费占比 33.1%，总部经济占比 39.8%，船供和港务税费占比 27.1%，对地方经济贡献相对有限。究其原因，主要是邮轮的研发设计、建造、供应链等关键环节目前尚被欧美国家垄断，其中欧洲四大造船厂占据了全球 90% 以上的新造邮轮订单，并且绝大部分零部件供应商在欧洲。我国邮轮经济起步较晚，与外资品牌的大吨位豪华邮轮相比，本土邮轮船队整体竞争力不足。这种不平衡的发展格局制约了我国邮轮经济的高质量发展。二是国内邮轮政策待完善。目前，我国部分邮轮政策套用货运船政策，邮轮购置税费、船员配置等方面政策有待完善。在邮轮税费方面，中资企业进口邮轮需要征收总税率约为 27.53%[①]，且船龄超过 10 年的不准进口，这直接拉升了本土邮轮公司的运营成本；在船员配置方面，本土邮轮中国籍船员比例要求在七成以上，不利于本土邮轮的国际化发展。

二、南沙邮轮产业发展形势分析

（一）发展优势

一是港口设施优势。南沙国际邮轮母港是全国最大的邮轮母港综合体，建成 1 个 22.5 万总吨和 1 个 10 万总吨邮轮泊位及建筑面积 6 万平方米的航站楼；同时也是华南地区口岸查验设施设备最先进、通关设施数量最多、通关环境最好、管控最智能、服务最高效便捷的邮轮交通枢纽之一。二是交通优势。南沙国际邮轮母港在全国率先实现与地铁无缝接驳，并与公交、出租车、自驾车及港澳水上客运专线紧密衔接，还有规划在建的广州地铁 22 号线，未来将能串联起广州白云国际机场、广州南站、广州火车站、白云站及深圳、东莞的重要交通枢纽。三是客流量优势。南沙国

---

① 汪泓. 中国邮轮产业发展报告（2022）［M］. 北京：社会科学文献出版社，2022.

际邮轮母港现有 9 条国际航线，覆盖日本、越南、菲律宾等 12 个目的地。2016 年至新冠疫情暴发前，累计接待国际邮轮 398 艘次，旅客超 160 万人次，连续三年居大湾区首位、全国第三。四是产业优势。广州中船南沙龙穴造船基地是我国三大造船基地之一，现已集结广船国际、中船华南船舶、文船重工等船舶及装备制造厂，其中广船国际已建成交付全球最大吨位豪华客滚船，已实现设计、制造、安装全过程百分百国产化。龙穴造船基地能够为南沙探索邮轮建造、维修等产业板块提供重要支持。五是政策优势。《广州南沙企业所得税优惠产业目录》涉及邮轮经济的产业有 4 项，涵盖豪华邮轮等高附加值船舶开发与制造、港口公用码头设施运营、国际邮轮运营管理服务、邮轮旅游运营等。上述产业类企业可享受 15% 的企业所得税优惠，能够利用税收优惠政策迅速吸引邮轮经济上下游企业集聚。六是区位优势。南沙腹地广阔，拥有较多未开发的土地资源，能够有效承载邮轮产业链的转移和延伸；同时，南沙是粤港澳大湾区建设的重要支撑点，能够充分利用港澳的金融优势、高端服务业优势等，推动邮轮产业链快速发展。

（二）存在问题

一是协调机制不健全。港口的开放经营涉及口岸、海关、边检、海事、交通运输、旅游、市场监管及经营公司、旅行社等多个责任主体。上海为加快邮轮旅游产业发展，由市旅游局牵头，联合 16 家单位成立了"上海邮轮旅游市场促进工作组"，获批设立邮轮旅游发展实验区后又成立了实验区工作组。目前，广州南沙暂未建立高效协同管理机制。二是交通体系有待进一步完善。上海吴淞口国际邮轮港拥有 S20、G1501、逸仙路高架等快速主干道以及地铁 3 号线、1 号线、7 号线等城市轨道交通。南沙国际邮轮母港距离大湾区各地级市中心城区均在 30 公里以上，虽然已与广州地铁 4 号线实现无缝衔接，但是其在整体速度、载客量及步行距离等方面未能达到上海、天津等地水平，亟须进一步强化邮轮母港配套交通体系。三是商业配套服务欠缺。南沙国际邮轮母港所在的南沙湾区块，其周边商业服务、休闲娱乐、餐饮住宿等配套设施远不及市区成熟，缺乏消费吸引力。尽管南沙国际邮轮母港自 2019 年试运营以来就在积极争取增设口岸免税店，但是口岸免税店设立需要财政部会同有关部门审批，且需要满足客流量等条件，整体审批周期较长，短期内难以落地。

三、推动大湾区邮轮经济高质量发展的对策建议

（一）建立高效协同管理机制

游客是整个邮轮经济的源头，要尽快推动南沙国际邮轮母港复航并保持游客接待量持续健康增长，才能有效带动整个邮轮产业高质量发展。建议参考上海做法，整合省区市相关职能部门和企业等力量，实现高效沟通和协调管理。一是争取由省层面建立地方政府部门与口岸查检部门的联合工作专班，定期举办工作会议，统筹推动南沙国际邮轮母港开放审批、免税店设立、外籍游客入境免签政策争取、交通枢纽建设等重大事项，争取尽快将南沙国际邮轮母港列入国家第二批试点复航港口。二是市层面要加快实施《广州市建设国际消费中心城市发展规划（2022—2025年）》，充分发挥南沙区位优势，联动海南自由贸易港，导入港澳特色的餐饮购物、教育医疗、文化娱乐等消费资源，将南沙打造为粤港澳滨海型国际消费城区，争取设立免税店及国际邮轮旅行团15天免签政策支持。[①] 三是建议充分发挥省市宣传、旅游、商务、口岸等部门的资源优势，加强与《奔跑吧》等国内知名综艺节目的对接，争取将南沙国际邮轮母港纳入拍摄范围，发挥综艺节目平台作用，打响南沙邮轮旅游品牌；并与国际知名邮轮公司、国内旅行社龙头等建立定期沟通机制，围绕航线开发、邮轮旅游营销、周边景点开发等进行充分沟通协商，抓住每年2、3月国际邮轮公司部署次年全球航线的关键时期，尽快缩小与上海、天津两地在游客接待量上的差距。

[①] 我国已于2024年5月15日起全面实施外国旅游团乘坐邮轮入境免签政策，广州南沙邮轮口岸已正式实施外国旅游团入境免签15天政策，并获批成为广东省外国人144小时过境免签政策的入境口岸。

（二）创造优质的产业发展环境

依托《南沙方案》赋予的重大战略定位和重磅支持政策，结合自由贸易试验区改革开放先行先试优势，为邮轮产业发展提供重要支撑。一是探索试点邮轮税费优惠政策，给予长期停靠的邮轮以及航次多、客量大的邮轮公司进口关税及增值税等税费优惠。结合海南中资方便旗海上游试点经验，放宽进口邮轮船龄限制，放宽本土邮轮品牌的船员国籍限制，不断缩小与发达国家或地区在邮轮政策和航运市场环境方面的差距。二是修订邮轮产业扶持办法。建议参考上海、青岛等地邮轮产业相关政策，尽快研究出台新的产业扶持办法，围绕龙头企业引育、核心技术攻关、客源开发、航线产品设计、船供物资本地采购、金融产品创新、专业人才培育、宣传推广等方面提出相关措施，构建多层次产业生态。三是依托港咨委，加强与香港在邮轮经济方面的合作。借助香港国际金融中心优势，推动船舶融资租赁业务发展，提升本土船队整体竞争力。发挥香港现代服务业发展优势，合作开展国际化邮轮人才培养工作，将南沙打造为全球领先的邮轮人才培养基地。通过港方委员，加强南沙与其他国家在邮轮经济方面的交流合作，推动南沙邮轮航线多元化发展，提升邮轮产品竞争力。

（三）制定科学的产业发展路线图

尽管我国已是全球船舶制造强国，但由于大型邮轮设计建造技术及产业链一直被欧美国家垄断，我国在大型豪华邮轮建造方面缺乏技术及经验。日本三菱重工两次进军邮轮建造业务板块均以高额亏损告终，并决定不再涉足 10 万吨以上的豪华邮轮建造业务。上海虽然在国产大型邮轮建造上实现了新突破，但由于核心零部件技术缺失并缺乏配套服务，仍旧高度依赖进口，整体成本较高。基于上述发展背景，建议：一是短期内重点关注邮轮维修、翻新业务，通过从欧洲、国内舟山等地引进船舶修造龙头企业落户南沙，与上海主攻邮轮建造业务形成优势互补、错位发展格局；同时，鼓励造船企业联合开展邮轮建造核心零部件技术攻关，推动邮轮零部件国产化。条件成熟后，鼓励与国际邮轮公司开展合作，探索大中型邮轮设计建造业务。二是依托"四链"融合政策体系、总部经济政策等，吸引国际邮轮企业在南沙设立总部型机构，打造大湾区邮轮总部基地，带动整个邮轮产业链上、下游发展。三是大力发展邮轮船供业务。发挥南沙自贸区、综合保税区优势，打造大湾区邮轮船供物流中心。参考韩国釜山港做法，出台优惠政策，提高物流运输效率，吸引国际邮轮公司将高附加值物资采购订单从日韩转移至南沙；联合香港邮轮及游艇业协会成立大湾区邮轮船舶供应联盟，制定邮轮供应企业准入标准，推动邮轮船供业与物流行业合作，逐步提升境内产品在全球邮轮公司的采购份额，提升供应商竞争力和盈利能力。

进一步优化公共文体设施布局
提升南沙城市品质的策略建议

钟纪茹　栗雯阳　张泠然

图 6-13　南沙国际网球中心

　　《广州南沙深化面向世界的粤港澳全面合作总体方案》明确提出，要"建立高质量城市发展标杆""积极承办国际重要论坛、大型文体赛事等对外交流活动"。但调研发现，目前南沙在公共文体设施方面还难以满足人民群众日益增长的多元化文体服务需求，亦无法支撑本区文体产业的快速发展，与南沙建设高质量城市发展标杆的要求存在较大距离。因此，进一步优化布局建设公共文化体育设施，以此为载体积极引进各类文体活动，有利于完善南沙城市功能，提升城市品质，强化南沙在大湾区的辐射力、影响力。

一、南沙公共文体设施发展现状

　　目前，南沙公共文体设施主要存在"设施种类不够健全、分布不均匀，规模有待提升、品质参差不齐，服务内容单一、地域特色不够明显"三方面问题，与广州中心城区有较大差距，和南沙"未来发展核"定位不匹配。

（一）设施种类不够健全、分布不均匀

　　目前，南沙区建有区文化馆、区图书馆、区体育馆等区级文体设施，同广州市其他区相比，主要缺少博览展览类文化设施。以博物馆为例，广州市中心城区（越秀区、天河区、荔湾区、海珠区）均不少于 6 处，番禺区 5 处，白云区、黄埔区各 4 处，从化区 2 处，增城区、花都区各 1 处，目前仅南沙区无博物馆。而通过问卷调查 [①] 发现，在文化设施方面，约 42.54% 的居民希望能新增博物馆（展览馆），38.06% 的居民希望新增科技馆（见图 6-14）；在体育设施方面，82.41% 的居民希望新增全民健身活动中心（见图 6-15）。此外，从区域分布来看，《广州市公共文化设施布局专项规划（2020—2035 年）》要求"城市 10 分钟文化圈""农村 10 里文化圈"2035 年达 100%。目前，南沙"农村 10 里文化圈"覆盖率已达标，

[①] 2023 年 1 月，通过网络问卷形式对南沙区文体需求进行调查，共回收有效问卷 1 042 份，其中文化设施调查 536 份，体育设施调查 506 份。后文调研结论均为以上问卷整理所得，https://www.wjx.cn/vm/mxAeLXt.aspx；https://www.wjx.cn/vm/exv4G8u.aspx。

但大部分镇街"城市 10 分钟文化圈"覆盖率距离 100% 尚有差距，部分镇街低于 70%，空间分布待进一步改善。

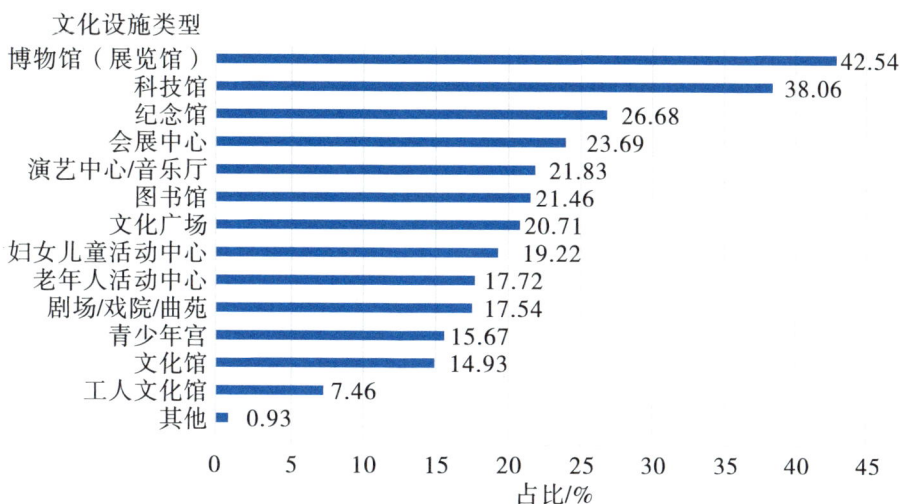

文化设施类型

设施	占比/%
博物馆（展览馆）	42.54
科技馆	38.06
纪念馆	26.68
会展中心	23.69
演艺中心/音乐厅	21.83
图书馆	21.46
文化广场	20.71
妇女儿童活动中心	19.22
老年人活动中心	17.72
剧场/戏院/曲苑	17.54
青少年宫	15.67
文化馆	14.93
工人文化馆	7.46
其他	0.93

图 6-14　新增文化设施需求调查

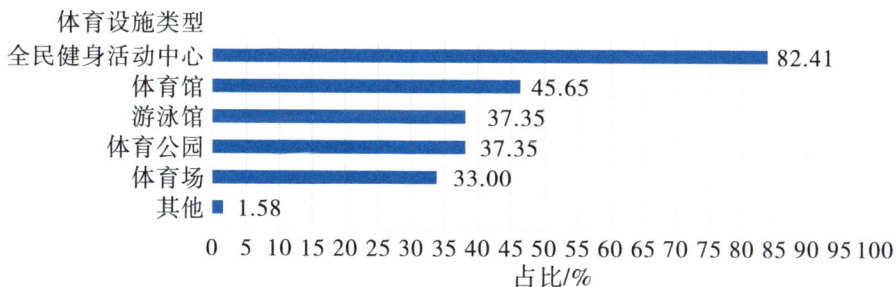

体育设施类型

设施	占比/%
全民健身活动中心	82.41
体育馆	45.65
游泳馆	37.35
体育公园	37.35
体育场	33.00
其他	1.58

图 6-15　新增体育设施需求调查

（二）规模有待提升、品质参差不齐

公共文化设施数量方面，区级及以上各类公共文化设施南沙区仅有 6 处，是广州市数量最少的区①；且南沙区文化馆建筑面积 4 500 平方米，

---

① 截至 2023 年 11 月，广州市其他区区级及以上各类公共文化设施数量：越秀区 48 处、天河区 29 处、荔湾区 17 处、海珠区 22 处、黄埔区 15 处、番禺区 14 处、白云区 12 处、增城区 8 处、从化区 7 处、花都区 7 处。

未达到广州市区级文化馆馆舍建筑面积要求。公共体育设施方面，人均体育场地面积 4.18 平方米，在扣除南沙高尔夫球场后，人均场地面积仅为 1.94 平方米 ①，不及广州市人均 2.6 平方米的发展指标要求。南沙仅南沙区体育馆（包含网球中心）1 处区级及以上体育设施 ②，其座位数仅为 8 500 座，规模相比天河体育中心体育场 6 万座、越秀山体育场 2.5 万座、花都体育中心 2 万座、黄埔体育中心 1.8 万座等广州市其他区级体育场馆差距较大 ③，难以举办现象级营业性演出活动，与"湾区之心"的目标愿景不匹配。在已有的公共文体设施中，部分居民反映社区级体育设施存在质量较差、无人管理和维护、场地被占用等问题，文化设施存在缺乏停车场及周边交通不完善等问题，影响居民的使用体验感和满意度。问卷调研显示，最受南沙居民欢迎的文体活动依次是篮球赛和大型演唱会，分别占比 55.93%、51.98%（见图 6-16），然而，南沙公共文体设施数量规模还不完善，难以满足居民的文化体育活动需求。

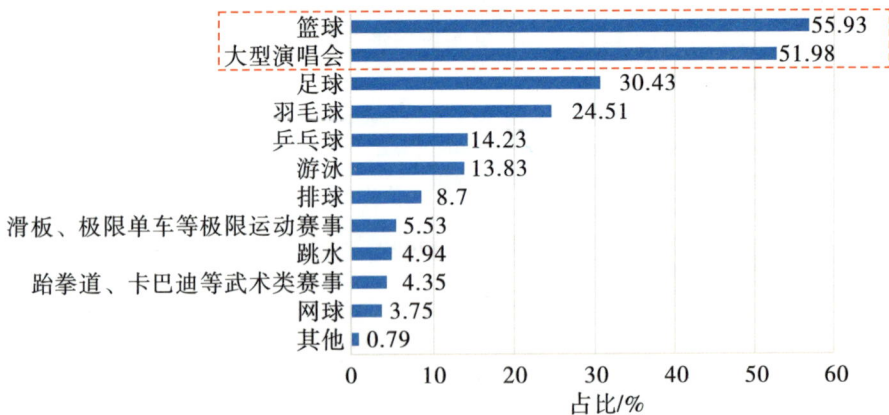

图 6-16　南沙居民对文体活动的需求

① 数据来源：《广州市南沙区文化体育设施布点规划（2022—2035 年）》（在编）。
② 截至 2023 年 11 月，广州市其他区区级及以上各类公共体育设施数量：越秀区 4 处、天河区 5 处、荔湾区 3 处、海珠区 4 处、花都区 4 处、增城区 4 处、黄埔区 2 处、番禺区 2 处、从化区 1 处、白云区 1 处。
③ 数据来源：《广州市公共体育设施及体育产业功能区布局专项规划》。

（三）服务内容单一、地域特色不够明显

服务内容方面，南沙体育馆目前可提供网球、羽毛球、篮球、乒乓球等项目场地供应，和其他区场馆相比缺少足球、游泳等项目。传统文化方面，以海洋文化、红色文化、岭南水乡文化为代表的主题活动近期已得到有效开展，但缺少集中展示的空间载体。从问卷调研得知，分别有51.12%、37.87%、36.57%的居民推荐新增南沙水乡文化展示馆、南沙人遗址博物馆、海防文化馆（见图6-17）。现代文化方面，开展以滨海文化为代表的主题活动，同样缺乏水上运动中心、海洋馆等空间载体。

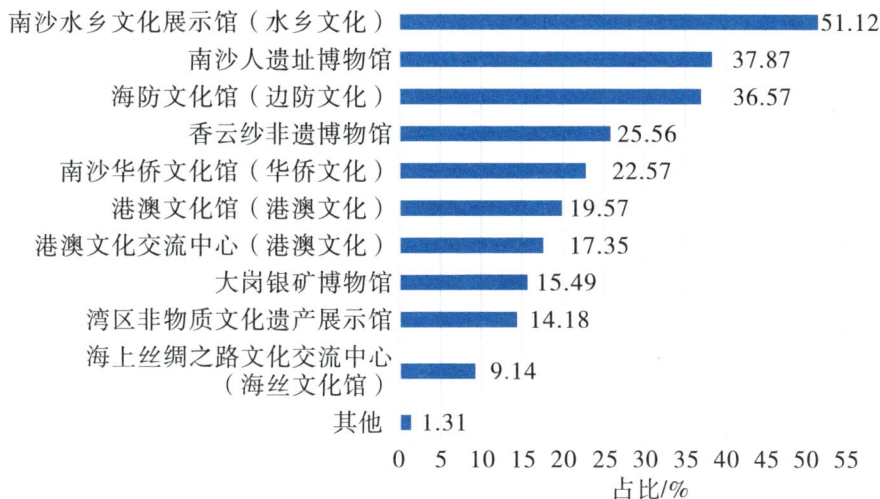

图 6-17　南沙居民对新增文化设施的需求

二、提升南沙公共文体设施的策略建议

（一）完善公共服务，打造"基础型 + 战略型"设施体系

基础型文体设施是体现以人为本、全龄友好、城乡均等的设施。建议：一是大力补短板，重点落实博物馆、体育馆、全民健身活动中心、游泳馆等"基础 + 特色"的区级、镇街级文体设施，提高场所开放度，增加

群众幸福感。二是保质保量争取达到配置标准，增加停车位、室外公园等配套，注入更多文化元素，进行艺术化处理，提升内容吸引力。三是构建10 分钟文化体育设施圈，填补公共服务盲区，丰富全民精神文化生活。

战略型文体设施是体现南沙战略和发展定位、面向湾区的高标准、现代化设施。建议借鉴国内外先进经验，结合轨道交通集聚布局，建设"赛事牵引、复合利用"的湾区级文体设施。例如，在美国最大火车站之一宾夕法尼亚站上建设大型综合体育场馆——纽约麦迪逊广场花园馆，该馆能够开展篮球、冰球、曲棍球、拳击／摔跤等运动，同时可承办演唱会、音乐会等活动，成为纽约市著名的文化地标。

（二）谋划总体布局，构建"一带双核三支点"发展格局

建议结合南沙城市空间发展结构，优化形成"一带、双核、三支点"的未来公共文体设施发展格局。其中，"一带"指沿海岸线串联南沙湾、明珠湾、南沙枢纽、南部片区等滨海地区，布局凸显滨海文化的文体设施，打造滨海文体高质量发展活力带。"双核"指以明珠湾起步区、蕉门河中心区为主的中心城区文体服务核和位于南部"黄金内湾"顶点的大湾区文体服务核。"三支点"指在庆盛枢纽片区、南沙湾片区、南沙枢纽片区三个先行启动区谋划三个片区级文体服务中心，作为双核的支点，并重点布局协同港澳、凸显南沙文体特色的区级文化体育服务设施。

（三）围绕三江六岸，在中心城区集中打造集科技、文化、体育、音乐、休闲于一体的中心城区文体服务体系

建议结合绿道和滨水开敞空间构建文化活力地标群。具体而言，在慧谷西片区大涌两侧，结合公众需求集中建设南沙博物馆、大湾区科技馆、大湾区大剧院等文化地标，与灵山岛尖大湾区科学论坛永久会址、南沙国际会展中心形成环明珠湾文化地标群。在横沥岛新增广州市文化馆二馆，结合商业商务用地配建大湾区海上图书馆、数字艺术中心、岭南水乡文化馆。在蕉门岛头新增南沙美术馆，为居民交往互动提供更多机会。

建议加快建设南沙国际网球中心二期，推动国际女子职业网联（WTA）

广网赛事永久落户南沙。可在体育馆西侧地块（约 0.085 平方千米）新建可容纳 1.5 万座的南沙国际网球中心二期作为主场馆，将现有 2 500 座的南沙网球中心保留为副馆，以满足 WTA、国际男子职业网球协会（ATP）等顶级网球赛事规模[①]，实现 WTA 广州女子国际网球赛事的永久落地。同时，建议在地块南侧新建 1 座可容纳 2 000 座的游泳馆，联动周边文、体、商、住、教，打造南沙中心城区综合文体服务体系。

（四）发掘现有资源，在先行启动区布局一批传统文化、港澳文化、现代文化兼容并蓄的文体设施

在南沙湾片区加强传统文化和现代文化的融合。结合虎门炮台遗址及滨海岸线打造集水上运动、滨海休闲、历史文化等文体旅产教于一体的国际休闲文化设施群，例如建设海防文化馆、广东省博物馆考古标本馆、鸦片战争博物馆和南沙人遗址博物馆，对外展示边防文化、考古文化与历史文化。依托游艇会建设南沙帆船运动中心和游艇会体育公园，打造南沙湾滨海文体旅海岸带。

在南沙枢纽片区凸显华侨文化。新建华侨文化馆、湾区图书馆、南沙第二青少年宫、文化艺术中心、会展中心、南沙枢纽体育中心等文体设施，打造南沙枢纽文体服务支点。

在庆盛枢纽片区与港澳文化共绘"同心圆"。利用境外来粤居民办事中心（GIC 用地）[②]建设港澳文化馆，依托港科大（广州）吸引港澳青年进行文化交流。充分利用闲置工地建设庆盛体育公园，提供触手可及的城市游憩空间。同时，可在三个先行启动区先行先试，综合考虑本地居民的运动偏好（见图 6-18），增设参照香港文体设施标准的壁球、棒球、木球等多种球类活动场地，配套建设康乐中心、口袋公园等公共服务设施和休憩空间等。

[①] 顶级座席规模：澳网墨尔本公园中心球场 1.5 万座，法网罗兰加洛斯中心球场 1.5 万座，温网中心场馆 1.1 万座，上海旗忠网球中心（上海 ATP 1000 大师赛）1.5 万座，深圳湾体育中心体育馆（2019 WTA 年终总决赛）1.2 万座。

[②] GIC 用地指政府 / 机构 / 社区用地，为庆盛港式社区的公共服务配套设施。

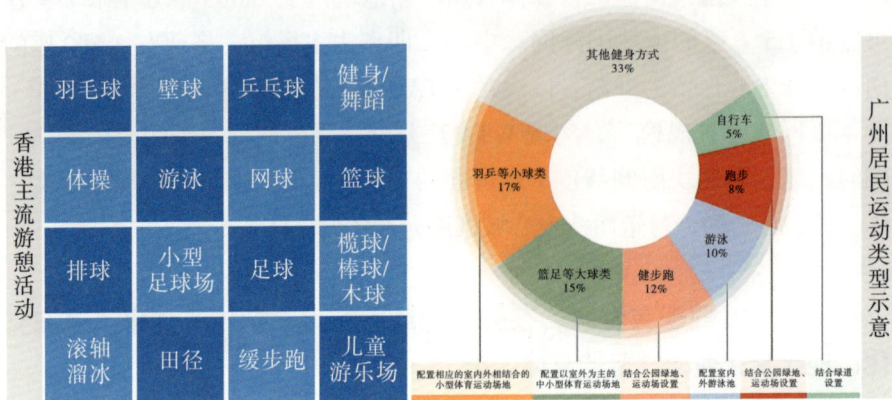

图 6-18 香港和广州居民运动偏好分布图

（五）促进产业发展，发展传统文化、滨海文化、艺术品等产业，发展网球、水上休闲运动及新兴体育产业

将传统文化产业、滨海文化产业和现代文化产业作为南沙文化产业发展的着力点。建议结合旅游产业发展香云纱非遗文化、水乡文化、星海文化等相关传统文化产业。做好与海的文章，结合滨海生态景观资源，面向大湾区活力青年、家庭休闲、近郊旅游客群打造滨海文化产业。落实《南沙方案》"建立粤港澳大湾区大宗原料、消费品、食品、艺术品等商品供应链管理平台"要求，结合现有艺术品展示馆，在保税区内发展新兴艺术品产业，积极培育市场化主体。

将网球产业、水上休闲运动产业、新兴体育产业作为南沙体育产业发展的突破口。高质量发展网球产业，通过建设网球中心二期积极引进国际级高水平网球赛事落户南沙。结合游艇会、皮划艇基地继续举办帆船、皮划艇等特色赛事，发展滨海水上休闲运动产业。结合在建全民文化体育综合体项目吸引国际国内重大体育赛事，推动体育赛事、体育服务、体育健康等新兴体育产业融合发展。

（六）加强赛后利用，提前谋划、引入院校机构，破解文体场馆赛后运营难题

对于历届大型综合性运动会，由于体量大、维护成本高、功能开发难、使用率低等，其体育场馆的赛后运营成为一道公认的世界难题。国内外成功经验证明，建设重大赛事场馆的同时布局体育院校，能有效解决大型体育场馆赛后利用问题。例如，洛杉矶纪念体育场在奥运会及世界杯之后被南加利福尼亚大学橄榄球队当作主场使用。杭州亚组委则在亚运会前精心设计部署，制订"一赛一方案""一馆一方案"，赛后乘机打造"赛事之城"，继续承办锦标赛及各种体育单项赛事，充分释放场馆的专业用途。此外，杭州亚运会部分场馆改建为酒店进行运营，部分场馆作为训练基地面向社会开放，为社会公众打造集体育、文化、教育、休闲于一体的共享空间。建议借鉴洛杉矶、杭州等地先进经验，提前谋划全民文化体育综合体"一场两馆"[①]的赛后功能，促进转型升级，以实现可持续发展。同时，建议引入广州体育相关院校，推动体教融合发展。

---

① 南沙在建的立足湾区、面向世界的南部全民文化体育综合体，集文化、旅游、体育、会议和国防教育等功能于一体，建设内容包含 6 万座的综合体育场及其附属设施、2 万座的综合体育馆、0.4 万座的游泳跳水馆及各类配套设施等，可承接大型节事活动。

筑牢生态屏障　持续守护"候鸟的湾区家园"

李　莉

图 6-19　南沙滨海湿地近万只候鸟过冬

绿水青山就是金山银山。每年有十万计的水禽候鸟在广东广州南沙滨海湿地越冬或停歇。该湿地被誉为粤港澳大湾区难得一见的"候鸟天堂"，在鸟类规模和种群数量上已达到国际重要候鸟区标准，具有不可替代的生态学意义。建议采取有力举措，令越冬候鸟在湾区家园——广东广州南沙滨海湿地"吃得舒心、住得放心"。

一、基本情况

全球总共有八大候鸟迁徙路径，它们沿着不同的路径，从南到北、从北至南，往返于繁殖地和越冬地之间。其中三条从我国经过，分别为东亚—澳大利亚迁徙线、中亚—印度迁徙线、东非—西亚迁徙线。广东广州南沙滨海湿地是候鸟东亚泛太平洋迁徙的重要一站，该湿地位于珠江三角洲几何中心，地处广州最南端的南沙区万顷沙镇十八至十九涌之间，面积近万亩，是广州市面积最大的湿地，不仅是候鸟的重要迁徙路线之一，还是珠三角地区保存较为完整、保护较为有力、生态较为良好的滨海河口湿地。同时，南沙滨海湿地良好的自然生态环境为周边地区起着防风消浪、涵养水土、调节气候等重要作用，被誉为"广州之肾"。

截至 2023 年 12 月，广州南沙滨海湿地的高等植物约有 318 种，其中红树 15 种，共同组成了红树林秋茄群落、桐花树群落、无瓣海桑群落，以及芦苇群落等。大片的红树林可以为鸟类提供丰富的植物和隐蔽场所，再加上与此相邻的咸水型塘基湿地，每年都吸引着数以万计的候鸟在此越冬。南沙滨海湿地动物资源也很丰富。受国际协定或公约的保护，国家或地方重点保护动物种类多。其鸟类可以划分为水域鸟类和沼泽鸟类，主要有雀形目、鹤形目、雁形目等。经长期监测，南沙滨海湿地栖息鸟类 185 种。国家一级重点保护动物 4 种，分别为白尾海雕、黑脸琵鹭、东方白鹳、黑鹳，其中黑脸琵鹭最高数量达 62 只，约占全球总量的 1.2%；国家二级重点保护动物 16 种，包括白琵鹭、普通鵟、燕隼、红隼、褐翅鸦鹃等；省级保护动物 30 余种，包括白鹭、苍鹭、池鹭、牛背鹭、黑水鸡、反嘴鹬、黑翅长脚鹬、红嘴鸥等。受国际协定或公约保护的鸟类 97 种，被列入《国家保护的有益的或者有重要经济、科学研究价值的陆生野生动物名录》的鸟类 (以下简称 "'三有' 保护动物") 135 种。

二、存在问题

（一）越冬候鸟"吃不好"

广州南沙湿地原生红树林缺失，红树林呈碎片化分布。截至 2023 年 12 月，南沙仅有两个红树林集中区域：南沙湿地红树林、洪奇沥水道红树林，而且树木多为人工种植，原生红树林缺失。现存红树林质量总体不高，结构稳定性较差，红树林树种单一，主要为无瓣海桑，中幼林、人工纯林、低效林比重大。根据相关研究，随着无瓣海桑树龄增加，其生长对滩涂土壤有促进土壤黏化的作用，林下无法生长其他植物，对湿地其他本土生物的生长和繁衍，特别是越冬候鸟的食物来源，产生不利影响，将导致生物群落多样性和湿地生态系统完整性下降。

（二）越冬候鸟"住不好"

重要湿地空间萎缩，候鸟迁徙路线上缺乏高质量补给站、停歇点和越冬地。受围垦、区域开发建设等人类活动的影响，滨海滩涂、红树林等区域萎缩。如今，此类栖息地仅存在于南沙滨海湿地等区域，面积不足 2 平方千米。原生红树林、自然滩涂和天然海岸线等部分关键栖息地丧失，黑脸琵鹭、勺嘴鹬、东方白鹤、水獭、黄唇鱼等濒危生物面临生存威胁，野生动植物生境丧失或生境破碎化速度加剧。此外，一些开发建设活动虽然没有直接导致湿地面积减少，但也对湿地环境造成了一定破坏，如珠江口航道建设、疏浚工程对底栖环境造成破坏，施工产生的悬浮泥沙对水质环境也会造成影响。

三、其他城市经验做法

（一）东北湿地为候鸟做好越冬食物保障

全世界水鸟迁徙的其中一条空中驰道贯穿中国东部，北至北冰洋沿岸，南达澳大利亚和新西兰，而东北的湿地、沼泽正是这条要道上的重要枢纽。在俄罗斯、我国北部、朝鲜半岛以及日本繁殖的候鸟，每年春秋季节便会沿着我国东部沿海进行南北向的迁徙。近年来，东北多处湿地开展河道综合整治、海漂垃圾治理、恢复植被多样性等一系列生态修复工程，自然生态环境持续向好，每年都吸引几十万只迁徙候鸟停歇觅食、繁衍生息。例如，统计数据表明，每年斑尾塍鹬北迁时有接近总数 40% 的种群会在丹东鸭绿江口海滨湿地停歇；根据卫星追踪信息，2008 年曾有斑尾塍鹬在鸭绿江口停留近一个月之久。再如，营口市海岸浅水滩涂湿地有对鹬鸟极为重要的淤泥质滩涂，其中的水产品丰富，有鹬鸟喜欢吃的小鱼、小虾、海蚯蚓、小泥溜、小蟹等，这样的滩涂全球只有十几处，中国黄、渤海地区就是其中最大的一处。[①]

（二）两湖湿地为候鸟做好越冬安全保障

按照《全国湿地保护规划（2022—2030 年）》，我国将推动湿地保护修复，到 2025 年，全国湿地保有量总体稳定，湿地保护率达到 55%。同时，加强《中华人民共和国野生动物保护法》等法律法规，严惩非法捕杀野生动物的行为。2023 年 10 月以来，湖南沅江在南洞庭湖湿地选取合适地段建设 50 个生态岛，以微地形改造创造近自然的鸟类栖息地。湖南益阳南洞庭湖自然保护区沅江市管理局为确保候鸟安全迁徙，每年都与志愿者一起持续深入湿地，开展鸟类调查与环境保护工作。[②]鄱阳湖湿地生态系统结构完整，鸟类资源丰富，有鸟类 383 种，每年越冬候鸟稳定在 60 万只至 70 万只。近年来，江西文旅加快数实融合相关工作，提高社会爱鸟护鸟的意识，通过制作高水准的专业 VR 游览讲解版本，既照顾大众身临其境体验在鄱阳湖湿地的沉浸式观鸟需求，又运用数字化的方式保护生态环境。[③]

① 陈水彦，白清泉. 东北湿地：候鸟加油站［EB/OL］.［2024-07-26］.http://www.dili360.com/cng/article/p5350c3d7d01c005.htm.

② "沅江发布"微信公众号. 央媒看沅江｜洞庭湖守住候鸟越冬地　观鸟潮提振区域新经济［EB/OL］.（2023-10-28）［2024-07-24］.https://mp.weixin.qq.com/s/G3N2CQN-mglpBoLM1HVOrg.

③ "江西发布"微信公众号. 时间定了！全世界聚焦鄱阳湖［EB/OL］.（2023-08-29）［2024-07-24］.https://mp.weixin.qq.com/s/Gm3Y7MyECAVlpTj1RNubRQ.

四、对策建议

候鸟对生态环境的变化较敏感，其种类和数量是区域生态环境质量最直接的反映。随着《中华人民共和国湿地保护法》的正式实施，湿地保护政策日渐完善。候鸟频繁来穗越冬，表明这里区域生态环境质量得到改善，生态功能在持续恢复。

（一）促进社会共同关注越冬候鸟的"湾区家园"

建议广州围绕南沙湿地生态，借鉴两湖湿地的数实融合经验，积极引导社会参与爱鸟护鸟。此外，目前社会层面涉及广州候鸟迁徙路线多为业余爱好者自制的简易图，建议广州参考重庆做法，由林业部发布候鸟迁徙路线示意图，促进社会共同关注越冬候鸟。《重庆候鸟迁徙路线示意图》显示，重庆有 3 条猛禽迁徙通道、3 条水鸟迁徙通道、1 条鸣禽迁徙通道和 1 条候鸟迁徙通道。每到春秋季节，成千上万的猛禽从重庆的城市上空飞过，单日最多超过万只。①

（二）筑牢广州南沙滨海湿地重要生态屏障，令越冬候鸟"吃得舒心"

依托绿美广东生态建设，加强广州南沙滨海湿地红树林营造与生态修复工作。对现有红树林区的无瓣海桑纯林进行改造，增加本土红树物种（以桐花树为主，辅以秋茄等乡土树种），提高红树林物种多样性，提升红树林群落结构稳定性。同时，根据鸟类特别是"三有"保护动物的栖息、繁殖、觅食等需求，在修复现有红树林过程中营造不同的空间。如在现有无瓣海桑纯林周边补种低矮乡土红树与湿地植物，形成鸟类生境岛；种植高密树种，形成鸟类繁殖地。

---

① "重庆发布"微信公众号. 这些小可爱们，又要来重庆了！[EB/OL].（2022-11-02）[2024-07-24].https://mp.weixin.qq.com/s/pTxjtAsCJfK8A-SsrnrAIw.

（三）加大打击非法猎捕等违法行为力度，令越冬候鸟"住得放心"

充分借鉴江西宜春靖安、福建泉州晋江等地水道综合整治做法，统筹相关职能部门共同落实"宣、治、护、巡、管"等五大措施，有效提升湿地生态系统的多样性、稳定性、功能性和持续性。组织力量专门开展自然生态保护综合执法工作，利用无人机、冲锋舟、无人智能遥控飞翼等科技装备开展巡查工作，形成生态保护"路面人车巡、水上船只巡、岸线视频巡、空中无人机巡、山林监督巡"的智能防控模式。① 定期开展候鸟及其栖息地的管护巡护，开展清网、清夹活动，加强候鸟等野生动物保护和疫源疫病监测预警；严厉打击非法猎捕、非法交易、非法食用候鸟等各类违法行为，切实维护候鸟等鸟类种群及其栖息地安全。

---

① "泉州发布"微信公众号. 骄傲！泉州再登央视！［EB/OL］.（2023-11-24）［2024-07-24］.https://mp.weixin.qq.com/s/yObzQWVuDz6RGACPoyA34A.

"双循环"新格局下南沙加快建设区域特色型国际消费中心城区的对策建议

暨南大学中国（广东）自由贸易试验区研究院课题组

图 6-20 南沙星河 COCO Park 商业综合体

在推动形成以国内大循环为主体、国内国际双循环相互促进的新发展格局大背景下，畅通制约消费的堵点、加快培育新型消费成为重中之重。党的二十大报告提出，要着力扩大内需，增强消费对经济发展的基础性作用。国际消费中心城市作为现代国际化大都市的核心功能之一，具有很强的消费引领和带动作用。国家"十四五"规划指出，要"培育国际消费中心城市"。2021 年 7 月，经国务院批准，广州市与北京市、上海市、天津市、重庆市率先开展国际消费中心城市培育建设。作为广州城市新核心区，南沙着力加快消费升级、在广州创建国际消费中心城市中发出最强音、打造特色型国际消费中心城区，有利于促进南沙及区域经济高质量发展。

一、建设区域特色型国际消费中心城区的基础

《南沙区参与培育建设国际消费中心城市实施方案》提出，建设服务湾区、辐射港澳、联通世界的特色型国际消费中心城区。近年来，南沙文旅体验式消费亮点纷呈，消费潜力被不断挖掘，国际化消费元素加快集聚，为南沙加快建设区域特色型国际消费中心城区奠定了一定基础。

（一）文旅体验式消费亮点纷呈

目前，南沙已成功举办三届"广州南沙国际帆船赛"，以及世界三大帆船赛事之一的"沃尔沃环球帆船赛"国内唯一停靠站活动，还立足本土特色打造了南沙菜鸟杯帆船赛、广州南沙中国青少年帆船赛等水上运动项目品牌赛事。2023 年，南沙十八儿罗汉山樱花节、天后墟电音节、湿地植树节等成为现象级火爆的文旅活动，先后举办"山海相逢　文旅相融"——2023 年南沙湾区露营文化旅游季、2023 年广州市乡村旅游季、"山海之约·魅'荔'四射"——2023 南沙荔枝旅游文化节等一系列大型文旅主题活动，形成"月月有活动、季季有特色、全年可持续"的消费热潮。

（二）消费市场规模不断扩大

2022 年，全区社会消费品零售总额达 294.8 亿元，较 2017 年增长约 80 亿元。限额以上零售行业业态日渐丰富，2022 年限额以上零售行业有 17 种品类，较 2020 年增加 5 种品类。互联网零售、新车零售成为主要增长动力。唯品会电商、六福营销策划等一批大型互联网零售企业落户，带动互联网零售成为社会消费品零售总额比重最大的行业；合创汽车等新能源车零售企业进入，带动新车零售行业高速发展。与此同时，西药零售、机动车燃油零售等重点行业稳步增长。

（三）国际化消费元素加快集聚

近几年，南沙积极培育消费新场景、新动能，国际化消费要素不断集聚。一方面，引入了时尚龙头企业六福珠宝、天创时尚、香云纱等特色企业以及香港六福集团电商总部（三期）、茶里总部及研发生产基地、王老吉大健康南沙基地（一期）、真牛馆高端动物蛋白供应链等总部型企业。同时，引进一批具有港澳特色的餐饮购物、文化娱乐等消费资源，印象·澳门品牌店、风情街、餐饮城落地南沙，展现南沙魅力。另一方面，积极打造重大国际消费平台，形成全球优品、美食美酒、冷链物流、跨境电商、艺术品保税等多种形态的新消费市场，消费配套不断完善。南沙近年建成了万达广场、悠方天地、邮轮母港等新兴商圈，加上原有的金洲、老街等传统商圈，南沙服务本地消费的覆盖面已大大扩容，在"面向世界"的框架下，离建设区域特色型国际消费中心城区的目标越来越近。

二、建设区域特色型国际消费中心城区的制约因素

随着城市区域竞合愈演愈烈，南沙建设区域特色型国际消费中心城区仍存在一系列制约，如文旅特色有待进一步挖掘、消费影响力不高、国际环境导致消费面临疲软等。

（一）市场消费需求疲软

随着经济增速逐渐趋缓，居民更加谨慎地对待消费，选择性消费增加，导致整体消费规模相对较小。同时，随着经济形势的变化和工资增速的放缓，就业市场竞争激烈，很多人遭遇了就业难题，收入增长空间也受到了一定的限制。居民个人收入增长乏力，高额消费的需求不足，导致消费市场推动不起来。此外，商业核心指数不高是影响南沙消费挖潜的弱项因素，主要表现为商业圈实力不足、核心商圈实力不高和商圈日均客流量不足。南沙目前仍未有"地标""名片"级的商圈和项目，且南沙商圈还面临广州现有高端商圈竞争的挑战。

（二）文旅特色有待进一步挖掘

当前南沙仍处于发展起步期，城市建设中缺少有代表性的国际级文化地标。旅游景区普遍规模较小，尚未形成地标性、标志性、有较高知名度的名片。且南沙旅游的游览方式以参观为主，体验性、节庆式、沉浸式精品活动较少，"留客"能力较弱，吸引力有待提升。由于缺乏突出的消费环境营造，一批特色文旅项目产生的经济效益不高，如虎门炮台、湿地公园、百万葵园、天后宫等。另外，跨区域的文旅联动发展还不够。如深圳布局建立国家级水上（海上）国民休闲运动中心，开展海岸赛艇等水上运动，南沙的帆船赛事未能与其形成联动效应。南沙东涌水乡、佛山逢简水乡、江门古劳水乡、中山岭南水乡等岭南特色游虽已陆续开发，但尚未形成充分的联动效益，岭南水乡的整体文化品牌效应尚未有效挖掘。

（三）城市品质和对外影响力有待提升

消费是城市影响力、历史文化价值的分享和交流。南沙城市品质与对外影响力存在不少短板。一方面，公共服务设施和内容的品质有待提升，南沙文化、体育、旅游基础设施配套仍待进一步优化，城区内博物馆、美术馆、全民健身中心等基本设施缺乏，不利于开展大型文体旅交流以及赛事活动。串联著名景点的公共交通站点以及优质商圈的能力有待提高。另一方面，消费对外影响力和辐射力不高，优质公共服务共享水平不够，各类高端要素和优质资源的整合能力不强。由于远离广州市区，除了地铁4号线沿线之外，多数地方交通不便。南沙的城市品质和交通的对外通达性和对内便利性对建设区域特色型国际消费中心城区的支撑作用有待加强。

三、建设区域特色型国际消费中心城区的对策建议

双循环格局下，南沙要抢抓国家和广州建设国际消费中心城市的机遇，着力提升消费载体、消费繁荣度、商业活跃度，高标准打造国际滨海文旅目的地，推进区域协同联动，提升交通通达便利度，完善消费的"软""硬"环境，聚力打造具有南沙特色的国际消费中心城区。

（一）提升消费载体品质，释放消费潜力

全面融入广州国际消费中心城市建设，加强商圈与周边文化场所、商务楼宇的资源互动。集中打造蕉门河内湾核心商圈、南沙湾邮轮母港商圈、庆盛TOD商圈、黄阁商圈、灵山岛滨水商圈五大地标性商圈。加快制订和实施商圈建设行动规划，前瞻谋划星河COCO Park、心悦城邮轮广场等商业载体建设和招商工作，推动大型商业综合体、特色商业街、体验式商业生活中心快速崛起，打造新型文旅体商融合发展共同体。将南沙综合保税区商品前置到人流密集的商圈进行保税展示，使南沙建设成为在国内外具有较高知名度、汇聚知名商业企业、集聚知名品牌的城市商务商贸休闲区。深入挖掘夜间消费潜力，积极举办系列夜间活动，丰富夜间消费业态，支持商场、购物中心在店庆日、节假日期间开展"不打烊"等晚间促销活动。大力推动设立各类免税店，积极探索开设有政策突破的市内免税店，在南沙国际邮轮母港开设口岸出（入）境免税店及免税品监管仓库，丰富免税市场消费场景。支持南沙现有商业综合体升级，发展VR/AR新技术应用新场景，打造南沙科技智慧特色商圈、时尚体验聚集区、高品位特色商业街和夜间经济聚集区。与此同时，丰富社区商业的"烟火气"，依托物联网、云计算等智慧手段，建设一刻钟便民生活圈，构建立体化、数字化、人性化、交通便利、具有"烟火气"的社区商业。

（二）提高文旅品质，高标准打造国际滨海文旅目的地

建设文化地标廊带，打造滨海国际艺术创意区，连片建设地标式建筑，提供专业性艺术服务，构建高品质文化魅力景观带，吸引苏富比、佳士得、雅昌等国际知名艺术品拍卖机构在南沙设立分支机构，促成粤港澳大湾区文化贸易和版权交易中心落地，建设湾区艺术交流展示中心。借鉴悉尼歌剧院、新加坡滨海艺术中心等地标性艺术中心，打造湾区（南沙）演艺中心。完善美术馆、博物馆等配套公共文化服务设施，谋划建设中国岭南文化博物馆，建设国际艺术家村落。探索引进以华纳兄弟主题公园、环球影城等为代表的大型主题公园，打造滨海主题乐园体验区。建设滨海休闲廊带，打造国家级运动训练基地和国际级赛事举办地，打造海上运动体验区和训练区，创建湾区体育产业核心区。

（三）推进区域协同联动，联手打造大湾区消费高地

坚持全局性谋划、系统性布局、整体性推进，通过体制机制创新凝聚合力，最大限度释放效能。联动广州市各区，探索打造广州海上丝绸之路新水上游线路，串联天后宫、南海神庙、黄埔古港。结合广州南沙妈祖文化旅游节、澳门妈祖文化旅游节、广州民俗文化节暨黄埔"波罗诞"千年庙会等，打造广州新海上丝绸之路旅游品。联合黄金内湾城市，以岭南文化为基底，探索联合举办水乡文化巡游、香云纱服装展、龙舟赛、麒麟舞民俗文化节等活动。积极推动穗莞两市整合炮台群资源，共建海防遗址国家文化公园。联合港澳，积极推动港式社区建设，打造国际、港澳知名国际品牌的集聚地和潮流时尚的重要传播地。

（四）优化软环境与硬件设施，营造舒心的消费环境

加快推动南沙与大湾区周边城市重大交通基础设施的高效衔接，打造大湾区"半小时交通圈"。不断优化区内公共交通体系，持续推进区内交通骨架路网建设，进一步强化与广州主城区的交通衔接。强化与港澳和珠江口东西两岸城市快速连接，推动南沙成为大湾区区域交通中心，实现与

国内主要城市更快速通达，提升区域辐射和服务能力。进一步加大旅游市场秩序监管力度，进一步清查旅游市场违规行为，保障游客人身和财产安全，营造安全方便的旅游消费环境，提供高品质的旅游公共服务。积极对标国际高端标准，积极推进旅游标准化建设，加大涉旅人员培训力度，以优质旅游和精益旅游为导向，不断提升文旅消费服务质量。